LA TOUR

DE

S.-JACQUES-LA-BOUCHERIE

OU

MÉMOIRE HISTORIQUE, ARCHÉOLOGIQUE
ET CRITIQUE

SUR CE MONUMENT ET SUR SA RESTAURATION

PAR

N.-M. TROCHE

Membre résidant
De la Société historique de Saint-Grégoire de Tours
et de celle de la Sphragistique de Paris

*Lapidem quem reprobaverunt œdificantes,
hic factus est in caput anguli.*
(Psalm. CXVII. 22.)

PARIS

JULIEN, LANIER, COSNARD ET Ce, ÉDITEURS

RUE DE BUCI, 4, F. S.-G.

1857

LA TOUR

DE

SAINT-JACQUES-LA-BOUCHERIE

LE MANS. — IMPR. JULIEN, LANIER, COSNARD ET Cⁱᵉ.

LA TOUR
DE
S.-JACQUES-LA-BOUCHERIE

OU

MÉMOIRE HISTORIQUE, ARCHÉOLOGIQUE
ET CRITIQUE

SUR CE MONUMENT ET SUR SA RESTAURATION

PAR

N.-M. TROCHE

Membre résidant
De la Société historique de Saint-Grégoire de Tours
et de celle de la Sphragistique de Paris

*Lapidem quem reprobaverunt œdificantes,
hic factus est in caput anguli.*
(Psalm. CXVII, v. 22.)

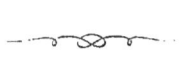

PARIS
JULIEN, LANIER, COSNARD ET Cⁱᵉ, ÉDITEURS
RUE DE BUCI, 4, F. S.-G.
1857

AVANT-PROPOS

Nous avons publié, dans le *Journal général de l'Instruction publique et des cultes*, en décembre 1853, un Mémoire historique et archéologique sur la tour de Saint-Jacques-la-Boucherie et sur son appropriation monumentale. Ce Mémoire, tiré à part au faible nombre de cent exemplaires qui nous ont été offerts et que nous avons distribués, ayant été l'objet d'une mention honorable décernée en 1855, par l'Académie des inscriptions et belles-lettres, de l'Institut impérial de France, est maintenant totalement épuisé.

Comme il avait été écrit avant la restauration de la tour, il n'a plus le caractère d'actualité et le complément désirables; et, à part les curieux détails historiques qui en font la base, une refonte de ce travail nous a paru nécessaire, en raison de l'intérêt qu'inspire aujourd'hui ce précieux reste de l'architecture du moyen âge, à sa dernière période.

Puissent les quelques pages ci-après augmenter encore cette admiration de l'art religieux, puisqu'elles contiennent, avec l'appréciation artistique, l'histoire *véritable* de la tour de Saint-Jacques-la-Boucherie, trop longtemps défigurée par un de ces écrits *burlesques,* que le peuple désigne presque toujours par un mot plaisant, et qui est incessamment offert, avec un commentaire verbal, aux passants; et ce, au milieu de Paris, au centre de ce foyer de l'éducation publique et de l'activité intellectuelle la plus étendue et la plus profonde.

LA TOUR

DE

SAINT-JACQUES-LA-BOUCHERIE

> Lapidem quem reprobaverunt ædificantes
> Hic factus est in caput anguli.
> *Psal.* cxvii. 22.

L'exécution des travaux de percement et de prolongation de la rue de Rivoli, qui vient de s'accomplir en moins de quatre années, a doté la capitale d'une voie magnifique, dont le long et large sillon tracé par une double bordure de belles maisons, d'une architecture variée, laisse voir en perspective la gracieuse tour de Saint-Jacques-la-Boucherie, objet de ce mémoire, et dessine son axe dans la nuit par deux cordons de lumières à perte de vue, qui produisent un effet magique et sans analogue dans aucune ville du monde. Cette magnifique innovation sera pour la postérité un témoignage permanent que tout ce qui tend à l'agrément et à la salubrité de la ville de Paris ne saurait être regardé avec indifférence par ses magistrats. Le peuple, occupé et satisfait, sait gré du travail qu'on lui donne, en attendant qu'il jouisse des avantages que ce travail procure. Ces travaux sont, au reste, la réalisation modifiée, suivant les besoins actuels, d'un projet gigantesque dont la conception remonte au règne de Louis XIV [1].

---

[1] Le ministre Colbert avait conçu le projet de faire une grande place devant la colonnade du Louvre et de percer une large voie qui, en passant auprès de l'église de Saint-Germain-l'Auxerrois, à laquelle on aurait fait, bien mal à propos, une façade grecque, semblable à celle de l'Opéra, qu'on voulait bâtir en regard de la basilique, devait aboutir à la place du Trône. Les dépenses occasionnées par la guerre de la succession d'Espagne firent abandonner ce projet, qui fut repris sous l'empire; mais les malheurs de la dynastie impériale en empêchèrent également la réalisation. Le 13 février 1831, sous le spécieux prétexte d'un service funèbre en mémoire du duc de Berry, la vénérable église de Saint-Germain-l'Auxerrois fut saccagée et profanée par une populace ameutée, sans que le gouvernement prît la moindre mesure protectrice. On vit des hommes hideux entrer sous ses voûtes et la dévaster avec un calme et un sang-froid effrayants, devant la garde nationale, l'arme au bras, entourant et semblant garder l'église. Puis, lorsqu'ils eurent assouvi leur rage impie, la pauvre église demeura fermée pendant près de sept ans. Le gouvernement songea d'abord à la faire démolir; aussitôt des spéculateurs avides, saisissant cette occasion de faire des *opérations lucratives*, remirent en lumière le projet de percement de la rue monumentale du Louvre à la Bastille, en passant, cette fois, sur les ruines de Saint-Germain-l'Auxerrois. L'architecte, M. Fontaine, *les Vitruves de la voirie*, et d'autres personnes, parmi lesquelles des conseillers municipaux, hommes à vues essentiellement *rectilignes*, décidèrent la question d'une façon péremptoire : « Il est urgent, disaient-ils dans les journaux, de raser *cette vieille masure*, et de faire ainsi place à une rue immense, tirée au cordeau, qui permettra de voir de l'une des ailes du Louvre la *poétique* perspective de la barrière du

Après la construction de l'hôtel de ville (1533), sous François Ier, on avait eu la pensée de modifier le vieux quartier des Arcis, antique berceau des émeutes, qui faisait face à l'hôtel municipal, et pousser ce remaniement jusqu'à la forteresse du Grand-Châtelet; mais les guerres de religion firent ajourner ce projet, qui, après avoir été médité par les gouvernements successifs, ne s'est réalisé qu'aujourd'hui.

Napoléon Ier, dont l'intelligence saisissait avec tant de rapidité et de tact toutes les idées véritablement utiles, avait dit qu'à son retour de la campagne de Russie il s'occuperait de refaire le vieux Paris; et, sous la restauration, l'administrateur habile, qui pendant vingt ans a dirigé les affaires de la ville de Paris [1], conçut ou remit en lumière le projet de refaire sur de nouveaux plans les vieux quartiers avoisinant l'hôtel de ville et la Cité. Ces projets, élaborés par l'administration, avaient été approuvés par le conseil des bâtiments civils. Des compagnies puissantes par leurs ressources financières se chargeaient de leur exécution, sous le contrôle de

---

Trône. » Mais cette pensée barbare souleva les plus énergiques et les plus éloquentes protestations. Enfin une pensée de remords et de justice entra dans les conseils du gouvernement, et, le 13 juillet 1837, une ordonnance rendit au culte et aux arts la belle et royale basilique.

[1] M. le comte de Chabrol-Volvic, ancien préfet.

l'autorité municipale ; lorsque l'esprit de réaction et d'opposition au gouvernement vint faire échouer une entreprise qui réunissait tant de suffrages, et qui avait l'approbation de toutes les capacités spéciales.

Le gouvernement de Louis-Philippe d'Orléans vit construire l'hôtel de ville, les quais de la rive droite, et laissa dormir les autres magnifiques dispositions réglées par ses devanciers au pouvoir. Mais, d'après un plan encore obscur à nos yeux et arrêté par la Providence, ces mêmes projets, mûris dans les conseils de l'empire et de la restauration, s'accomplissent aujourd'hui sous le pouvoir suprême du neveu de Napoléon Ier, qui a repris le sceptre impérial.

Dans les huit premiers mois de 1852, on n'a pu examiner, sans le plus vif intérêt, l'intelligence et l'activité qui président à ces travaux, et la nature des difficultés que présenta la régularisation de l'axe de cette immense voie, ainsi que le nivellement géométral des terrains accidentés que dut rencontrer son parcours; à tel point que, pour ne pas arrêter la circulation, on fut obligé de jeter un pont provisoire sur la nouvelle voie qui se trouvait d'environ six mètres en contrebas de l'ancienne, au point d'intersection de la rue de Rivoli et de celle des Arcis, aujourd'hui disparue. Si l'on éprouve encore actuellement un sentiment de tristesse involontaire à l'aspect de cette destruction insolite et sur une vaste échelle de tant d'habitations plus ou moins importantes, dont quelques-unes offraient au philosophe, à l'antiquaire et à l'érudit, de précieux souvenirs qu'on ne trouverait peut-être pas dans les 1,200 ouvrages et plus qui forment la bibliographie de cette glorieuse cité, on s'en console aisément dans l'espérance que l'on se préoccupe du sort des gens qui trouvent à peine un gîte pour s'abriter, et en considérant que le pouvoir satisfait ainsi aux besoins les plus impérieux de la population, et réalise, avec la construction des halles centrales, qui marche de front, une des améliorations réclamées avec le plus d'instance par notre civilisation actuelle.

Il faut convenir que, pour certaines régions de ces quartiers du vieux Paris, sur la rive droite de la Seine, ce n'est pas une démolition qui s'accomplit, mais un véritable *nettoyage*. Le percement de la rue de Rivoli jusqu'à la rue Saint-Antoine, se rattachant directement au système général d'élargissement, de stratégie et d'embellissement de la ville de Paris, aura eu d'abord pour résultat de purger ces divers quartiers des miasmes qui les infectaient, et d'y rétablir la circulation de l'air, dont la privation était si funeste aux malheureux qui habitaient des maisons hideuses et malsaines. Puis, au point de vue financier, cette vaste opération, qui se poursuit aussi maintenant sur la rive gauche, donne du prix à des terrains avant sans valeur, et offre, par l'application des grands capitaux, à toutes les branches de l'industrie du bâtiment, assise sur de nouvelles bases, la perspective d'un accroissement notable dans le bien-être des habitants, et, par suite, dans les revenus de l'État.

Ainsi, entrant dans le sujet spécial de ce mémoire, et pour ne citer qu'un fait choisi parmi tant d'autres dans cette grande modification d'utilité publique, nous avons vu, avec une grande satisfaction, se réaliser le vœu que, dans notre amour des entreprises utiles et grandes, nous avions toujours formé, au nom du bon goût, de voir disparaître cette espèce de *ghetto*, cet ignoble marché de friperie qui couvrait le sol béni de la vieille et vénérable église de *Saint-Jacques-la-Boucherie*, et qui enveloppait de sales échoppes sa belle tour du XVIe siècle, digne d'une destination plus noble et plus urbaine que celle d'une fonderie de plomb de chasse.

Puisqu'il a été décidé par l'édilité parisienne que la tour de Saint-Jacques, si riche en traditions nationales, en souvenirs de piété et d'honneur, devra désormais contribuer, par sa masse architecturale, à la décoration du quartier qu'elle domine si majestueusement depuis trois siècles, il nous paraît utile d'entrer dans quelques détails sur la valeur historique et archéologique de cette grande construction chrétienne, couverte d'un riche manteau de moulures, de rinceaux, d'arabesques, de dais et d'archivoltes;

puis ensuite, de présenter modestement quelques réflexions archéologiques, esthétiques et critiques sur sa restauration et sa nouvelle appropriation dans l'ordre civil; sur la nécessité qui se fait sentir, au point de vue de l'histoire et de l'art, d'y introduire des choses agréables, utiles et permanentes, en rapport avec l'ancienne destination de l'édifice, et qui, en lui rendant la vie et en lui imprimant un caractère municipal, attireraient l'admiration publique et en feraient un ornement digne d'être cité parmi les plus remarquables de la capitale d'une grande nation.

L'église de Saint-Jacques-la-Boucherie était du nombre de celles de Paris dont l'origine est restée inconnue. C'est assurément à l'incertitude où l'on est demeuré sur l'époque positive de sa fondation qu'il faut attribuer les opinions incohérentes de tous ceux qui ont écrit sur cette capitale, sur ses monuments, et même sur l'Église et le diocèse de Paris, tels que le vénérable bénédictin D. Jacques du Breul, Claude Malingre de Saint-Lazare, historiographe de France; l'avocat Henri Sauval, et le plus célèbre des ecclésiologues parisiens, l'abbé Lebeuf [1].

---

[1] Voir Du Breul, p. 662, édit. de 1612. — Malingre, p. 549. — Sauval, t. I, p. 360. — *Hist. eccl. Paris*, t. II, p. 295. — D. Félibien, *Hist. de Paris*, t. 1, p. 241. — Lebeuf, *Hist. du diocèse de Paris*, t. 1, p. 314. — *Tablettes parisiennes*, p. 58. — Piganiol de la Force, t. II, p. 82.

L'abbé Villain, prêtre-trésorier de Saint-Jacques-la-Boucherie, et historien spécial de cette église, publia son *Essai d'une histoire de la paroisse de Saint-Jacques*, etc., en 1758 [1], quatre ans après que l'abbé Lebeuf eut mis à jour les quinze volumes de sa savante *Histoire du diocèse de Paris* [2]. Il est vraisemblable que l'abbé Villain eût essayé, si cela eût été possible, de tirer de l'obscurité l'origine de la paroisse qu'il avait prise pour thème historique. Mais comme ses recherches dans les archives de la fabrique, dont il avait la garde, devinrent infructueuses, il se crut obligé d'opposer de nouvelles conjectures à celles des annalistes qui l'avaient précédé.

Jaillot, géographe ordinaire du roi, est de tous les historiens de Paris celui qu'il faut le plus souvent consulter sur les obscurités d'un sujet; aussi cherche-t-il à concilier les contradictions des auteurs précités. Il résume et réduit à peu près à ces termes les difficultés qu'ils ont soulevées sur l'oratoire primitif qui

---

[1] Un vol. in-12 de 326 pages; Paris, Prault père, 1758.

[2] Étienne-François Villain, né à Beauvais, mourut presque octogénaire à Paris, en 1784, dans une maison de la rue des Arcis, portant pour enseigne: *au Singe vert*, ainsi qu'il résulte du billet d'enterrement de l'abbé Lebeuf, que la famille de ce savant antiquaire lui adressa à cette occasion. Ce curieux document est en la possession du docte M. Jérôme Pichon, ancien auditeur au conseil d'État, ainsi que deux exemplaires des *Histoires de Saint-Jacques-la-Boucherie* et de *Nicolas Flamel*, annotés de la main de l'abbé Villain.

fut le germe de cette église de Saint-Jacques, existant certainement au XII³ siècle. Il y a même apparence que l'édifice fut agrandi et érigé en paroisse, peu de temps après l'an 1108, sous le règne de Louis VI, le Gros, et l'épiscopat de Maurice de Sully, soixante-treizième évêque de Paris. Elle est désignée sous le titre de paroisse dans une bulle du pape Calixte II, en faveur de l'abbaye, depuis prieuré de Saint-Martin-des-Champs; bulle dans laquelle sont énumérées toutes les possessions de ce monastère bénédictin, et qui est insérée dans son histoire par D. Marrier, moine du prieuré, pages 148 et 149. Or, ce titre authentique, que Jaillot assure être le premier qu'il ait vu où il soit fait mention de l'église Saint-Jacques-la-Boucherie, vassale de Saint-Martin-des-Champs, démontre clairement que du Breul, Malingre, Sauval et les autres historiens précités se sont trompés en ne fixant l'érection de cette chapelle primitive que sous le règne de Philippe-Auguste, vers l'an 1200[1]. L'origine pourrait bien en remonter à l'époque mérovingienne, et elle aurait alors été construite au milieu des petits marais (Marivaux) à fleur d'eau de la Seine, lorsque Paris s'agrandit dans sa partie septentrionale, sur le bord de cette rivière, entre le pont au Change et l'hôtel de ville. Les découvertes

---

[1] JAILLOT, *Recherches critiq., hist. et topog. sur la ville de Paris*, t. I, quart. Saint-Jacques-la-Boucherie, p. 48.

faites en 1853, lors des dernières fouilles de ce sol sacré, paraissent démontrer ce fait jusqu'à l'évidence. (Voir Rapport de M. Albert Lenoir, du mois d'août 1853, inséré dans le *Bulletin du Comité de la langue, de l'histoire et des arts de France*, t. I, p. 420.

Au reste, nous n'avons pas à nous occuper ici de la comparaison analytique de ces différentes versions historiques : nous laissons aux ecclésiologues la tâche ardue et aride d'essayer à résoudre cette question d'antiquité ecclésiastique, sans utilité réelle, aujourd'hui que le marteau révolutionnaire a renversé l'église, qui survit seulement dans sa tour.

Il y a preuve écrite que l'église de Saint-Jacques n'eut d'abord aucun surnom. Celui de *la Boucherie* lui fut donné, soit parce qu'elle était voisine de la grande boucherie de *l'apport Paris*, devant la forteresse du Grand-Châtelet, soit parce que la plupart des maisons qui avoisinaient cette église étaient habitées par les bouchers, propriétaires de cette grande boucherie, regardée comme ayant toujours été le berceau des séditions dans ce quartier, où ils avaient, ainsi que leurs suppôts, une immense influence populaire[1]. L'abbé Lebeuf prétend que ce surnom fut

---

[1] Ce fut particulièrement dans le quartier Saint-Jacques-la-Boucherie et dans celui du Palais, en la Cité, que se passèrent, pendant la captivité du roi Jean (1357-1358), les scènes les plus sanglantes de la lutte entretenue par Charles le Mauvais, roi de Navarre, et par Étienne Marcel, prévôt de Paris, entre le

donné à l'église de Saint-Jacques-le-Majeur pour la distinguer de deux autres églises de Paris, dédiées au même apôtre[1]. Mais il est notoire que plus de soixante ou soixante-dix ans avant l'érection des églises de Saint-Jacques-de-l'Hôpital et de Saint-Jacques-du-Haut-Pas, celle dont il s'agit spécialement dans ce mémoire était appelée, dans les actes épiscopaux

---

peuple et la royauté. Dans le siècle suivant, ce fut également dans ces mêmes quartiers que s'accomplirent les plus horribles scènes des guerres civiles du règne de Charles VI (1404-1420), notamment pendant les tristes jours de sa démence. Le pouvoir, se partageant entre deux factions acharnées, celle des Armagnacs, au nom du dauphin, et celles des Bourguignons, au nom de Charles VI et d'Isabelle de Bavière, Jean sans Peur, duc de Bourgogne, occupa Paris et mit son autorité usurpée sous l'égide de la plus vile populace. S'appuyant du nom du malheureux roi, qu'il tenait en son pouvoir, il fit proscrire les princes par le conseil, et confia la police de Paris à un corps choisi de cinq cents bouchers, dont les maîtres étaient affiliés en confrérie à Saint-Jacques-la-Boucherie. Aussi vit-on souvent aux prises, dans les rues étroites qui environnaient cette église, l'écharpe blanche des Armagnacs et l'écharpe rouge des Bourguignons. C'était déjà, comme de nos jours, la querelle de la démocratie contre l'aristocratie. Lors des troubles de 1411, les Legoix, les Saint-Yon, les Thibert, propriétaires de la grande boucherie, fomentaient ces troubles, tout en participant aux exercices pieux de la sainte milice. Cette confrérie des bouchers de Paris est appelée dans les comptes de la fabrique de Saint-Jacques, de 1426 à 1432 : « Confrérie de la Nativité de N.-S. aux maistres bouchers de la ville, en la chapelle Saint-Denis. » (VILLAIN, *Essai*, c. XVI, p. 114.) — Voir Froissard, t. III. — Chronique d'Eng. de Monstrelet. — Le moine de Saint-Denis. — Juv. des Ursins. — Reg. du Parlement. — Chronique de Saint-Denis.

[1] *Histoire du diocèse de Paris*, t. 1, p. 321.

et autres : *Ecclesia S. Jacobi*, ou *in Carnificeria*[1]. D'après le témoignage de l'historiographe de cette église, l'abbé Villain, la date de sa dédicace et le nom du prélat consécrateur sont ignorés. (*Essai*, c. IX, p. 59.)

Nous avons, en commençant, qualifié Saint-Jacques-la-Boucherie d'église archipresbytérale, parce qu'en effet son curé était, dès l'an 1206, archiprêtre de Paris, parce que cette cure était plus voisine du grand pont de Paris conduisant à la cathédrale, de même que celle de Saint-Séverin, où était l'autre archiprêtre. L'attribution de cette dignité ecclésiastique était de veiller sur la conduite des prêtres et des clercs, de célébrer la messe en l'absence de l'évêque, et de maintenir l'ordre et la discipline. Le curé de Saint-Jacques-la-Boucherie était en outre inscrit dans le rang des prêtres cardinaux qui, au XIIe siècle, assistaient l'évêque officiant dans la cathédrale à la messe des quatre grandes fêtes annuelles[2].

---

[1] Voir *Cartulaire de l'église de Paris*, publié par M. Guérard, membre de l'Institut de France, avec la collaboration de MM. Géraud, Marion et Deloye, t. I, p. 3 et 19 ; t. II, p. 274 ; t. III, p. 162 et 362 ; t. IV. p. 210. Paris, Crapelet, 1850 ; 4 vol. in-4º.

[2] Sauval, *Antiquités de Paris*, t. I, p. 501. — Villain, *Essai d'une histoire de la paroisse de Saint-Jacques-la Boucherie*, c. VII, p. 45. — D. Marrier, *Histoire de Saint-Martin-des-Champs*, p. 447. — Lebeuf, *Loc. cit.*, p. 316-317. *Cartulaire de Paris*, t. I, p. 3.

Cette église se distinguait encore par un autre privilége dont jouissaient un très-grand nombre d'autres à Paris, celui du *droit d'asile*, que la justice ne respecta pas toujours. On construisit même sur ses voûtes, en 1405, une chambre, pour y tenir en franchise ceux qui s'y réfugiaient, par suite de quelque affaire criminelle [1].

L'augmentation de la population paroissiale ayant fait acccroître successivement le bâtiment de l'église de Saint-Jacques-la-Boucherie, ces adjonctions successives, mal entendues, désordonnées, et portant chacune le type particulier de leur époque, constituaient dans l'ensemble un édifice dont le plan était fort irrégulier. L'abbé Villain a donné, dans son *Essai historique*, trois plans ichnographiques, indiquant les diverses modifications que cette église avait subies depuis le XIIIe siècle jusqu'à l'époque où il écrivait. Malgré la mauvaise exécution de ces plans dressés par de la Perrière, architecte de la paroisse, on peut néanmoins juger de la bizarre disposition des diverses parties de cet édifice, qui couvrait en

---

[1] Les églises et les maisons des évêques furent longtemps regardées comme des asiles sacrés, dont les violateurs étaient excommuniés. Mais, comme ce privilége ne servait qu'à enhardir le crime, elles furent, avec le temps, dépouillées de cette immunité. Charlemagne donna une première atteinte aux asiles, par la défense qu'il fit, en 779, de porter à manger à ceux qui se réfugieraient dans les églises. Nos rois ont achevé ce que Charlemagne avait sagement commencé.

superficie un terrain considérable, dont on verra ci-après la contenance.

Le 24 mars 1414, Gérard de Montaigu, quatre-vingt-quinzième évêque de Paris, vint faire la consécration du maître-autel élevé dans le nouveau chœur de cette église et des deux autels latéraux, au-dessous du crucifix. Le vénérable prélat voulut bien accepter des marguilliers en cette occasion un maigre repas, dont la dépense fut de soixante-dix sous parisis. (VILLAIN, *Essai*, c. VII, p. 43.) Or, l'abbé Villain dit positivement que l'année de la dédicace de l'église de Saint-Jacques et le nom de l'évêque consécrateur sont ignorés. (C. IX, p. 59.) M. Félix Fréville a répété, d'après Dulaure, la même erreur au sujet de la prétendue consécration de l'église, dans sa romanesque et dénigrante brochure de seize pages in-8°, intitulée : *L'Église et la tour Saint-Jacques-la-Boucherie. Étude historique*. Paris, 1856. Par une étrange et double bévue, le *véridique* historien Dulaure fait sous la même date consacrer l'église, quoique non achevée, par le même Gérard de Montaigu, qu'il qualifie *évêque de Turin*. (*Hist. physique, civ. et morale de Paris*, t. II, p. 31, édit. in-8°, 1823.)

Au point de vue architectural, l'église de Saint-Jacques-la-Boucherie ne laisse à regretter que son portail occidental, qui était gracieux, et le petit portail au nord, sur la rue des Écrivains, lequel avait été bâti en 1399, des deniers de Nicolas Flamel. Il s'y était fait représenter dans le champ de la voussure, avec Pernelle sa femme, à genoux devant la sainte Vierge, placée au centre. L'apôtre saint Jacques lui présentait l'époux, et saint Jean-Baptiste lui présentait la femme de l'autre côté [1].

Nicolas Flamel, l'un des plus habiles calligraphes du XIVe siècle [2], libraire et écrivain juré de l'Université avant l'invention de l'imprimerie, est assurément le plus notable de tous les illustres paroissiens de Saint-Jacques-la-Boucherie, qui ont le plus contribué à la décoration intérieure et extérieure de cette église. Personnage aussi célèbre par l'idée exagérée que l'on a eu de sa fortune, et par les extravagances calomnieuses imaginées sur l'origine d'une aisance conquise au prix de bien des sueurs, que respectable par le noble usage qu'il en fit. Il émerveilla ses contemporains, qui, au point de vue

---

[1] L'abbé Villain nous a conservé le dessin de cette voussure dans la vignette sur bois, mise en tête de sa curieuse et judicieuse *Histoire critique de Nicolas Flamel et de Pernelle sa femme* (1 vol. in-32 de 403 p. Paris, G. Desprez, 1761). Le frontispice de ce livre offre aussi l'effigie de Flamel, d'après la figure qu'il avait fait sculpter au portail de Sainte-Geneviève-des-Ardents, en la Cité. Nous reproduisons ces deux dessins en tête de ce mémoire.

[2] Ce fut peut-être Nicolas Flamel qui fut en son temps le calligraphe du Bréviaire public, que donna à cette église, en 1406, *Henri Beda*, bourgeois de Paris, et qui était exposé dans une cage de fer, devant l'œuvre, pour servir aux pauvres prêtres qui ne pouvaient acquérir de bréviaire pour leur usage particulier.

de l'égoïsme, ne pouvaient se rendre compte de la simplicité de son existence, comparée à sa charitable et pieuse prodigalité, dont cependant il n'a pas été impossible de pénétrer le secret. C'est dans son travail intelligent, dans un esprit d'ordre et de sage économie, qu'il trouva cette prétendue *pierre philosophale*, au moyen de laquelle il transmutait, dit-on, les plus grossiers métaux en or pur. Homme de foi et plein de générosité, il pensait que la charité est un don de Dieu reçu dans l'âme comme une qualité permanente, qui le porte à aimer son semblable et à le secourir dans l'adversité. C'est donc cet esprit de religion et de douce charité qui animait le laborieux artiste, qui lui fit employer sa fortune à soulager la veuve et l'orphelin, à fonder des hôpitaux et à réparer des églises. Aussi Flamel, si riche dans l'imagination de tant de gens, n'a pas laissé en mourant trois mille livres de rentes [1].

Nicolas Flamel avait imaginé, plus de quatre siècles avant nos philanthropes, les *Cités ouvrières*. Son biographe, l'abbé Villain, nous apprend que, pour exercer l'hospitalité envers les pauvres qui ne pouvaient se procurer de logements, il avait acquis ou fait bâtir dans ce but charitable, dans des quartiers où le terrain était d'un prix modéré, des maisons *mixtes*, qui étaient tout à la fois d'un bon revenu et

---

[1] Villain, *Essai*, c. XXI, p. 156.

une œuvre de bienfaisance. Des gens de métiers étaient logés, en payant, dans les boutiques et autres retraits du rez-de-chaussée ; et du produit de ces loyers, de pauvres laboureurs et ouvriers trouvaient un asile gratuit dans les étages supérieurs. Une de ces cités ouvrières de Nicolas Flamel, appelée dans les titres : *Maison du Grand-Pignon*, existe encore aujourd'hui, rue Montmorency, n° 51, quartier Sainte-Avoie. Le pieux calligraphe fit graver cette inscription au-dessus de l'entrée : « *Nous hommes et femmes laboureurs, demourans au porche* (sur le devant) *de ceste maison, qui fut faicte en l'an de grâce* 1407, *sont tenus, chascun eu droit soy, dire tous les jours une patenostre et* Ave Maria *en priant Dieu que de sa grâce fasse pardon aux povres pécheurs très-passés. Amen.* Voilà assurément un bon exemple à citer aujourd'hui : quel bon propriétaire c'était que ce Nicolas Flamel, qui ne demandait pour le paiement de ses termes de loyers qu'un *Pater* et un *Ave!* (Villain, *Ess. sur l'hist. de la paroisse Saint-Jacques-la-Boucherie*, p. 150. — *Hist. critiq. de Nicolas Flamel*, p. 143 à 153.)

Ce véritable philosophe chrétien, dont l'abbé Villain et Sainte-Foix [1] ont fait un si bel éloge, mourut le 22 mars 1417, dans sa maison, située à l'angle de la

---

[1] *Essai historique sur Paris*, t. III, p. 108, édit. 1777.

rue des Écrivains et de celle Marivaux [1]. Curieuse
relique de ce vieux quartier, qu'on vient de démolir

---

[1] Les partisans d'une innovation désastreuse pour l'histoire physique de Paris, résultant d'un arrêté de M. le préfet de la Seine, en date du 31 juillet 1850, nous sauront peut-être mauvais gré de nous servir ici des anciennes appellations de ses rues, qui, originairement, étaient le siége de corporations religieuses ou industrielles, d'habitations ou d'événements historiques, dont le souvenir n'est point encore effacé, après la ruine de tout ce qui constituait les usages, les franchises, les coutumes et le droit public. C'est ce que nous pensons, avec les hommes amis des glorieuses traditions du passé, que les rues d'une capitale sont un livre où chaque siècle a écrit sa page. On perce assez de rues nouvelles aujourd'hui : qu'elles portent le nom de ceux qui ont illustré la France au XIXe siècle, c'est un acte de justice ; mais on ne doit pas *débaptiser* les anciennes rues à leur profit, à moins que ces noms ne soient vulgaires ou inconvenants : alors, il est logique de leur imposer le nom de personnages locaux du moyen âge. Cependant, l'acte est à peu près consommé : dans un avenir prochain, il deviendra tout à fait impossible d'écrire l'histoire des rues. Mais, dans cette capitale pléthorique, dont les habitants, du moins le plus grand nombre, n'y sont pas nés, le nouveau système passera peut-être, avec le temps, dans le langage et dans les habitudes. Il n'en serait pas ainsi en province. Essayez d'y changer officiellement le nom d'une rue, et vous verrez qu'après quarante ans la dénomination administrative n'aura pas encore acquis le droit de cité, et que la vieille appellation, enracinée dans les habitudes locales, prévaudra encore. Qui pourrait douter que les souvenirs locaux, réchauffés par les soins des magistrats, que la restauration des monuments, faite avec amour, ne vinssent renouer la chaîne des temps et rattacher les imaginations au vieux sol parisien beaucoup plus efficacement que cette dislocation historique, qui consiste souvent, sous le spécieux prétexte d'une commodité éphémère, à réunir sous un même nom deux ou trois rues qui ne sont pas même géométriquement dans l'axe correspondant,

pour le prolongement de la rue de Rivoli [1]. Il fut enterré dans la nef de l'église de Saint-Jacques-la-Boucherie. Pernelle, morte vingt ans avant son mari, le 11 octobre 1397, fut enterrée au cimetière des Saints-Innocents, aux termes de son testament, passé devant Beguinet et de la Porte, notaires, le 25 août 1397.

Dans tous les pays civilisés, on aurait élevé une statue à la mémoire d'un pareil homme. Tout au contraire, les *sans-culottes* de 93 dispersèrent ses ossements comme ceux des autres illustres morts qui

---

mais seulement parce qu'elles convergent dans le même sens? (Sur les inconvénients du changement des noms de rues, voir *Bulletin arch.*, ann. 1837-38, t. IV, p. 55-125, 380-384, 392 et 504.)

[1] La vieille maison en pierre et en bois de N. Flamel, occupée depuis longtemps par un débitant d'eau-de-vie, existait encore au 1er juillet 1852. Elle n'offrait plus rien de remarquable à l'intérieur ni à l'extérieur; cependant elle avait conservé quelque chose de sa physionomie du moyen âge, malgré les remaniements que le temps et la main des hommes lui avaient fait subir, et se présentait en pignon aigu sur la rue des Écrivains. Ses trois étages étaient jadis ombragés par un avant-solier, dont on apercevait encore les traces; mais on n'y voyait plus celles des imageries et des inscriptions dévotes qui ornaient sa façade, d'après le témoignage de l'abbé Villain, et qui furent volées en 1756, après des fouilles opérées dans les substructions de cette maison, par des intrigants, adeptes de la philosophie hermétique, qui, sous le pieux prétexte de réparer à leurs frais les maisons caduques appartenant aux églises, en bouleversèrent toutes les parties, pour y trouver ces trésors enfouis qui avaient déjà préoccupé d'autres investigateurs aux xve et xvie siècles. Il n'est pas présumable que les démolisseurs définitifs auront été plus heureux, même en arrachant la dernière pierre des fondations de cette maison, que Flamel avait fait construire dans les premiers temps de son mariage.

dormaient autour de lui sous les voûtes sacrées. Son épitaphe, qu'il avait fait faire de son vivant, qu'il gardait chez lui comme une salutaire pensée de la mort, et qui fut, suivant sa dernière volonté, attachée au pilier le plus voisin, au-dessus de sa sépulture, fut arrachée et vendue à une fruitière de la rue Saint-Jacques-la-Boucherie, qui s'en servit longtemps pour hacher dessus ses épinards. On croyait que ce petit monument était détruit, lorsqu'il a été fortuitement retrouvé, en 1847, par notre ami M. Dépaulis, graveur en médailles, chez un marchand de curiosités, qui le possédait depuis six ans. M. Dépaulis en donna aussitôt connaissance à M. J. Pontonnier, alors chef de la première division de la préfecture de la Seine, qui en fit un rapport à M. le comte de Rambuteau, préfet. M. de la Villegille, antiquaire distingué, aujourd'hui membre résident du comité historique, ayant fait partager à ce magistrat sa conviction sur l'authenticité de cette inscription funéraire, qu'il avait été chargé officiellement d'examiner, le préfet en fit l'acquisition pour le compte de la ville. On eut d'abord l'intention de la sceller dans la tour de Saint-Jacques ; mais, sur la demande du ministre de l'intérieur, M. de Rambuteau en enrichit le musée de Cluny, où on la voit dans une des salles du rez-de-chaussée. Cette inscription a été dessinée et publiée dans la *Revue archéologique* (année 1847, 2e partie, p. 682).

Un fait historique bien curieux, dont n'a point parlé le vénérable annaliste de la paroisse de Saint-Jacques-la-Boucherie, se rattache aux fastes de cette église, et nous révèle qu'au moyen âge les édifices consacrés au culte divin et aux assemblées des fidèles n'étaient pas seulement destinés à prier Dieu, à y célébrer le sacrifice de la messe, à administrer les sacrements et à y traiter les choses religieuses, mais que, quand il y avait nécessité, il s'y tenait des assemblées communales ou scientifiques[1]. Ainsi, sous le règne de saint Louis (1226-1270), à l'époque où la chirurgie était le plus négligée en France, où elle n'avait point encore de chef, Jean Pittard, Normand d'origine, premier chirurgien du saint roi, et qui occupa avec distinction la même fonction auprès des rois Philippe le Hardi et Philippe le Bel, ne pouvait voir sans indignation un art si nécessaire livré à une foule de charlatans qui abusaient de la crédulité et de la santé de ses semblables. Aidé de son crédit, Pittard entreprit de donner à la chirurgie une forme nouvelle, par la fondation du collège ou société des

---

[1] Les églises étaient aussi le dépôt de toutes les traditions d'art et des connaissances humaines; comme dans les temples païens, on avait l'habitude d'y suspendre des objets rares et curieux, surtout ceux qui avaient trait à l'histoire naturelle, afin, dit Guillaume Durand, que le peuple en fût davantage attiré dans le lieu saint et mieux disposé à la piété. (*Ration. div. Off.*, c. III, § 42 et 43. — MAURY, *Essai sur les Légendes*, page 147.)

chirurgiens de Paris; l'église de Saint-Jacques-la-Boucherie en fut le berceau, et voici en quelle circonstance. Pittard avait accompagné saint Louis en terre sainte. Là son contact avec les Sarrazins avait reveillé en lui une aptitude particulière pour le traitement des maladies et pour l'étude des procédés servant à les guérir. A cet effet, il s'était procuré des livres anciens, et à son retour en France il obtint de Louis IX l'institution du collége de chirurgie qu'il méditait depuis longtemps ; régi par des statuts dressés par lui en 1260, mais qu'il ne publia qu'après avoir été sanctionnés plusieurs années après par l'autorité royale, et en s'obligeant lui-même par serment à les observer. Les titulaires, suivant ses leçons, se réunirent d'abord à Saint-Jacques-la-Boucherie et firent, avec le consentement de l'ordinaire et de l'archiprêtre ou curé, des cours publics dans cette église, en attendant qu'un autre lieu leur fût assigné [1].

Par suite de la circonscription constitutionnelle des paroisses de Paris et de leur réduction, l'église de Saint-Jacques-la-Boucherie fut supprimée en 1790 et classée au nombre des propriétés nationales. Après avoir servi aux assemblées démagogiques de la pire espèce (car c'était dans cette église qu'en 1793 se

---

[1] *De la chirurgie et de ses instruments,* par le doct. G. Déclat de Héboud.

tenaient les séances du comité révolutionnaire du quartier des Lombards), elle fut louée à un industriel nommé Philippe Legrand, par bail de la régie, pour trois, six ou neuf années, commencées le 1er nivôse an V (correspondant au 2 janvier 1797), moyennant 10,600 fr. en numéraire. Puis enfin le dernier jour de cet édifice chrétien arriva : le 8 thermidor an V (26 octobre 1797), la vente à la criée en fut annoncée par affiches, pour être faite subséquemment au *ci-devant* hôtel d'Uzès, rue Montmartre, affecté alors à ces sortes d'aliénations. On lit au procès-verbal de cette opération, dressé par les citoyens Guillotin et Letourneur, membres du bureau du domaine national, en exécution de la loi du 29 fructidor an II (15 septembre 1794) et de celle du 9 germinal an V, relative à la vente des propriétés publiques, que cette église et ses dépendances, contenant 650 toises et demie, fut annoncée être d'un revenu annuel de 16,300 fr. et valoir en capital, au denier vingt, 20,326 fr., payables en inscriptions au grand-livre de la dette publique.

Le 11 thermidor an V, après trois feux, la vieille église fut adjugée à Jean-Baptiste Lefranc, entrepreneur de bâtiments à Paris, au prix de 411,200 fr. Le lendemain, il fit une déclaration de command au profit de Jean Amavet et de Dominique Zino, négociants à Paris, qui ne remplirent pas régulièrement leur engagement, parce qu'ils avaient placé leur solidarité sous la pénombre d'un faux domicile, de telle sorte que le domaine ne put exercer contre eux aucune poursuite. La correspondance officielle indique seulement, comme substitué aux droits de ces vautours de la bande noire, un sieur *Gobeau*, qui fut vraisemblablement le démolisseur du vénérable édifice.

La haute et belle tour qu'on admire comme un des derniers chefs-d'œuvre de ce moyen âge, actuellement si bien compris dans notre époque sérieuse, est désormais le seul et précieux reste de l'église de Saint-Jacques-la-Boucherie, puisque la ligne de la rue de Rivoli passe exactement sur le plan géométral qui formait l'assiette de l'édifice. Si, dans le placard d'affiche précité que nous avons lu, « *l'horloge ne fait point partie de la vente,* » nous trouvons, dans un autre document historique, dont nous devons la communication à notre ami et confrère en archéologie, M. A.-P.-M. Gilbert, que M. Giraud, architecte du domaine, qui présidait à l'adjudication, fit insérer dans le procès-verbal cette clause importante, qui nous donne le secret, jusqu'alors inexplicable, de la conservation du monument : « *A la charge de conservation de la tour*[1]. » Sans cette réserve protectrice, il est évident qu'elle eût été

---

[1] *Annales de l'Architecture et des arts libéraux et mécaniques, etc.*, année 1809 ; 2ᵉ trimestre, IIIᵉ liv., p. 68 et 69.

infailliblement démolie ; néanmoins elle devint dans la suite propriété privée, mais placée sous la même garantie.

Peu de temps après, l'église fut rasée, puis ses nombreux et curieux tombeaux violés et dispersés en débris. Son sol béni, où demeurèrent enfouis quelques substructions et soubassements des piliers de la nef centrale, retrouvés en 1853, fut presque aussitôt occupé par une grande quantité de laides échoppes et de légères constructions en bois, élevées par un grand nombre de petits marchands. Cette espèce d'ignoble bazar prit le nom fastueux de *Cour du Commerce*[1] et fut incendiée en 1823. Alors un spéculateur fit bâtir sur cet emplacement, et d'après les plans un peu classiques de M. Lelong, architecte, un marché, dont l'inauguration eut lieu le 13 octobre 1824. Ce nouvel établissement, divisé en échiquier par des ruelles étroites et une fontaine au centre, occupait une superficie de 1,400 mètres. On y vendait du linge et des habits. Mais comme ce marché se trouvait sur le parcours projeté de la rue de Rivoli, il a été démoli en juillet 1852.

Quant à la tour, restée seule debout, en dépit des menaces que, selon le publiciste L.-S. Mercier, les

---

[1] *Dict. topograph., hist. et étymolog. des rues de Paris*, par J. de la Tyna, p 149, 2ᵉ édit., 1817.

démolisseurs ne lui épargnèrent pas [1], un industriel nommé Dubois en étant devenu propriétaire, il y établit une fonderie de plomb de chasse, d'après un procédé anglais : c'est-à-dire que le métal en fusion s'échappait de la chaudière par des tuyaux de fonte, du haut de l'édifice, sur la plate-forme duquel on avait construit une baraque à cet effet, et se réduisait en globules du calibre ordinairement en usage. Soumise à cette condition insolite, la tour de Saint-Jacques, noire et enfumée, courait de nouveau toutes les chances possibles de mutilation et de destruction ; car, pour faciliter son industrie, le plombier avait fait supprimer les voûtes de pierre en ogive croisées qui formaient les cénacles intermédiaires de l'édifice, sauf la voûte supportant la plate-forme, et celle de l'étage inférieur, percée de l'œillard par où on montait les cloches. Le cœur du catholique et de l'archéologue ne pouvait que s'affliger de cet esprit d'indifférence qui pesait sur ce précieux monument, sans protection officielle et scientifique, surtout au moment où la mort inopinée de son propriétaire allait derechef la livrer aux hasards de l'enchère. Il fallut qu'un simple particulier en entretînt le savant M. Arago pour qu'il fût sauvé; car le gouvernement d'alors ne prit pas l'initiative dans cette affaire [2],

---

[1] *Nouv. Tabl. de Paris*, t. V, p. 229.

[2] *Bulletin archéologique* publié par le comité des arts et monuments; année 1847, t. IV, p. 25.

quoique fondateur d'un *comité pour la conservation des monuments historiques*. M. Justin Pontonnier, dont nous venons de citer le zèle pour la conservation de l'épitaphe de Nicolas Flamel, contribua puissamment à faire faire l'acquisition de la tour Saint-Jacques par la ville de Paris, à qui elle fut adjugée pour la somme de *deux cent cinquante mille cent francs*, par jugement de l'audience des criées du tribunal civil de la Seine, du 27 avril 1836, rendu sur licitation entre les héritiers Dubois; et cette belle pyramide, aujourd'hui savamment restaurée, peut encore, pendant une longue suite de siècles, perpétuer le souvenir de l'administration préfectorale de M. le comte de Rambuteau et de celle de M. Haussmann, l'un de ses successeurs.

La tour de Saint-Jacques-la-Boucherie offre une ressemblance frappante dans son style architectural avec la belle église des XIIIe et XIVe siècles de Saint-Jacques de Dieppe, notre ville natale, tour construite au XVe siècle, qui, aperçue des collines environnantes, produit par sa projection sur le vaste horizon de la mer un effet très-pittoresque; et vue du côté de cette mer, se distingue de beaucoup plus loin encore, et sert comme de phare aux navires qui se dirigent vers le port. On trouve encore des airs de ressemblance entre notre tour de Saint-Jacques-la-Boucherie et celles de Saint-Jacques, à Compiègne; de Saint-Maclou, à Pontoise; de l'église de

Beaumont-sur-Oise, et la tour de l'Horloge, à Dunkerque[1].

L'abbé Villain, comme historiographe de l'église de Saint-Jacques-la-Boucherie, nous a fourni, d'après les comptes et archives de la fabrique, de précieux renseignements sur la construction de cette tour[2], exécutée sur les revenus de la fabrique et le produit des aumônes des fidèles. Les fondements en furent jetés dans le cours de l'année 1508, sous le règne de Louis XII, dit le Père du peuple, l'épiscopat d'Étienne de Poncher, cent quatrième évêque de Paris, et l'administration pastorale de maître Charles Bourgoin, qui fut curé de la paroisse pendant dix-huit ans, et qui vit à peine achever l'édifice sur l'emplacement de deux maisons, généreusement données à l'œuvre pour l'honneur de Dieu et de M. S. Jacques, à charge d'un service, par Jacques Thoynes ou Thouines, natif de Saint-Leu-Taverny, maître ès arts, curé de Sannois, chanoine de Montmorency, et depuis maître des écoles de la paroisse de

---

[1] Nous ne pouvons nous empêcher de faire remarquer cette curieuse particularité archéologique et architecturale, que la plupart des églises dédiées à l'apôtre saint Jacques le Majeur se distinguent par une tour construite avec peu de différences dans cette forme qui caractérise particulièrement le monument parisien.

[2] *Essai*, c. x, p. 69 et suivantes.

Saint-Jacques-la-Boucherie, par son testament, daté du 27 août 1505 [1].

En 1510, la construction de la tour était arrivée au premier étage [2]. La pierre qu'on y employait, qui est de liais, de cliquart et de haut banc franc du bassin de Paris, probablement du faubourg Saint-Jacques, du Mont-Souris, sur Gentilly, de Montrouge ou de Bagneux, coûtait 20 sous le chariot, et le moëllon, 20 deniers [3]. Le même historien a retrouvé dans les pièces de comptabilité de l'œuvre une quittance de 251 livres 5 sous, pour 169 toises (85 mètres environ) d'ouvrage de maçonnerie, mesurées depuis

---

[1] L'obit annuel pour le repos de l'âme de Jacques Thouines est marqué au 1er août dans l'*État des fondations qui s'acquittent dans l'église de Saint-Jacques-la-Boucherie*, p. 202.

[2] On voit, par les faits précis et les dates exactes que nous donnons ici, qu'il faut lire avec réserve certains topographes parisiens de notre époque, qui ont écrit de mémoire, sans recherches, ou sur de fausses données; ainsi, à la page 187 de son livre intitulé : *Les quarante-huit quartiers de Paris*, M. Girault de Saint-Fargeau dit expressément que *Nicolas Flamel fit bâtir la tour de Saint-Jacques-la-Boucherie*. Cette erreur est répétée par divers autres annalistes; et cependant on peut voir ici qu'il y avait déjà quatre-vingt-onze ans que ce célèbre paroissien était mort quand on jeta les fondations de cette tour.

[3] De 1498 à 1515, le marc d'argent valait 11 livres, et la livre numéraire représentait à peu près 5 fr. 5 millièmes de la valeur actuelle. De 1515 à 1522, il s'opéra une assez forte variation : le marc d'argent valait 14 livres, et la livre numéraire représentait environ 3 fr. 93 c. 5 m. de notre monnaie. (*Almanach des monnaies* de 1785.)

les fondations, à raison de 24 sous parisis de la toise, pour le salaire des ouvriers [1].

Dans les années 1521 et 1522, sous François I*er*, époque à laquelle on acheva cette immense construction, la fabrique autorisa l'acquisition de 90 pieds (30 mètres 26 centimètres) de pierre de liais, au prix de 3 sous 4 deniers le pied, pour servir à la confection des gargouilles ou gouttières, sorte de monstres fantastiques, dont on ne voyait plus naguère que ceux frustes du sommet de la tour, et dont les corps étendus sur le vide et fortement en saillie sur les angles, reçoivent à la chute des chenaux les eaux pluviales qu'ils dégorgent et rejettent, en les faisant tomber loin de l'édifice, dont ils préservent ainsi la base d'une humidité permanente [2].

Cette curieuse particularité du placement des gargouilles indique péremptoirement que l'édifice était arrivé à sa terminaison à la fin de l'année 1522. La pénurie des ressources ou des calamités publiques

---

[1] On comptait alors des sous d'or et d'argent, sans aucune espèce de mélange, et des deniers d'argent fin.

[2] Nous ferons remarquer à cette occasion que les angles du couronnement des contreforts de la tour et les bases des pignons à chaque division verticale extérieure marquant les divers étages ou les assises de la construction formant saillie, viennent de recouvrer leurs gargouilles finement ciselées, dans les proportions géométriques de leur emplacement, et offrent le caractère et les formes identiques de l'ornementation générale et ancienne du monument.

entravèrent sans doute l'activité du *maître de l'œuvre;* c'est là ce qui semble motiver le long temps employé à son achèvement. Comme il est de notoriété historique qu'au moyen âge les édifices publics, et en particulier les églises, étaient à la charge des habitants, il en résulte que les fidèles contribuèrent à la plus forte part de cette dépense paroissiale, qui ne fut point, ainsi que quelques annalistes l'ont avancé bénévolement, le produit d'une confiscation opérée sur les Juifs.

Ainsi, la construction de la tour de Saint-Jacques-la-Boucherie s'opéra en quatorze années, sous les règnes de deux de nos rois les plus célèbres dans les glorieux fastes de la France : Louis XII, *père du peuple*, et François 1er, *père des lettres*. Elle s'éleva sur les plans et sous la direction d'un *maître de l'œuvre*, dont le nom est demeuré inconnu, mais qui assurément peut être classé parmi les architectes éminents de son temps, tels que : Pierre Lescot-d'Alissy, abbé de Clagny ; Jean Bullant et Philibert Delorme. Si l'un de ces maîtres de l'architecture n'en conçut pas les plans et n'en conduisit pas les travaux, il est du moins présumable que ce constructeur anonyme appartenait à leur école, ou qu'il était leur émule, s'il ne fut pas leur élève.

Néanmoins, à ce moment l'art esthétique abandonnait les églises; le sens des vieux symboles semblait être oublié ; l'architecture ogivale, dite *gothique*, se mêlait au style grec; l'art se faisait païen, et la beauté physique s'insinuait victorieusement dans le christianisme. Mais attendu que l'architecture de la synthèse antérieure était encore regardée comme caractéristique des édifices religieux, on construisit la tour de Saint-Jacques dans le style gothique flamboyant; ses formes générales se couvrirent d'arcatures, de moulures prismatiques, de festons, de dentelles et de feuillages de pierres, puis les faces obliques de ses contre-forts furent chargées de pinacles, de frontons et d'entrelacs.

La solidité et la délicatesse avec lesquelles cette tour a été bâtie, le choix intelligent des matériaux, la liaison presque imperceptible de son appareil, la disposition des voûtes et des arcs, la coupe des pierres, la forme de l'escalier et le système de son éclairage, la placent presque au rang des œuvres magistrales du XVIe siècle, et déposent en faveur de la science stéréotomique de l'auteur inconnu de cette construction, qui caractérise évidemment le style ogival quaternaire, ou de la décadence, au moment de sa transition avec celui de la renaissance. Rien dans cet édifice, unique à Paris, ne s'y est affaibli, malgré son isolement et les fouilles profondes récemment faites à sa base; aucun mouvement ne s'y est manifesté, depuis environ 340 ans qu'il pèse de tout son poids sur ses robustes fondements.

Cependant, en examinant la tour de Saint-Jacques

sous le double rapport technique et pittoresque de son architecture, on est frappé tout d'abord d'un certain aspect grandiose qu'elle doit à sa masse élancée et à son élévation presque insensiblement pyramidale, bien que la forme carrée qu'elle conserve depuis la base jusqu'au sommet ne prête ni à l'élégance, ni à la légèreté; aussi l'admiration de celui qu'éclaire le génie de l'art se refroidit-elle un peu lorsqu'il s'arrête aux détails esthétiques, qui trahissent une sorte de timidité, de la maigreur et souvent de la confusion dans les lignes et les nervures enlacées, puis de la superfluité dans les broderies des frontons. Ici ce n'est plus le symbole austère du catholicisme au XIIIe siècle. On sent que le maître de l'œuvre, placé à une époque de transition, hésite entre un passé qu'il ne connaît plus et un avenir qu'il ne connaît pas encore. Mais malgré ce type de déclin artistique, la tour de Saint-Jacques, fantôme des institutions, de la poésie et des espérances du passé, planant au centre de cette société nouvelle qui s'agite et se retourne de mille manières, est encore vraiment précieuse au point de vue spéculatif. Monument d'une architecture défaillante, elle apparaît comme le dernier soupir de l'antique foi et la tradition de l'esthétique perdue; et elle conserve néanmoins, dans sa défaillance ornementale et sa mystique langueur, la couleur de la vie et la parure des anciennes fêtes, bien que séparée de son corps et privée de sa voix. Enfin, malgré son amputation, elle nous apparaît comme une veuve qui sourit de son plus gracieux sourire, nonobstant la parure diaphane et irrationnelle qu'on vient de lui imposer et qui la déclasse archéologiquement.

Les angles de cette curieuse tour sont formés de contre-forts ou éperons d'une forte saillie, s'élevant sur un plan biais, ornés, aux divers points géométriques de leur hauteur, de niches creusées dans la masse avec culs-de-lampes et dais couronnés, de pinacles très-compliqués, puis de frises fleurdelisées. Les faces médianes de l'édifice sont chargées d'arcatures flamboyantes ou trilobées, et aussi de niches à pignons pyramidaux, jadis occupées par de saintes images renversées par les iconoclastes de 1793, mais aujourd'hui habitées par de nouvelles statues de bienheureux, sur lesquelles nous reviendrons.

Les divisions horizontales de chaque étage intérieur sont à peu près indiquées sur ces contre-forts par des larmiers en retraite. Ainsi le haut de l'édifice offre un contraste frappant avec la simplicité de la base presque nue, parce qu'elle était enveloppée sur trois faces dans les constructions de l'église. Cette tour se termine par une plate-forme dallée, décorée et fermée par une balustrade découpée à jour, en arcatures trilobées, au-dessous de laquelle s'attachent, aux moulures de sa base, les animaux imaginaires qui servent à l'écoulement des eaux du chenal. Chaque face, entre les éperons qui solidifient la tour, est remplie par deux étages de longues et étroites baies cintrées et à ogives mousses, séparées verticalement par un meneau profilé de tores et de moulures; celles du haut sont couronnées d'un pédicule en accolade. Jusqu'à la restauration qui vient de se terminer, ces longues ouvertures étaient restées garnies, entre leurs tableaux, de ces caractéristiques auvents inclinés, recouverts d'ardoises et de lames de plomb découpées en festons, qui, en abritant la charpente du beffroi, renvoyaient en bas le son des cloches.

Les statues ailées des quatre animaux mystiques : l'ange, le lion, le bœuf et l'aigle, révélés prophétiquement à Ézéchiel et à l'apôtre saint Jean, puis, d'après l'opinion esthétique de saint Jérôme, adoptés comme attributs des quatre évangélistes, sont cantonnés sur le sommet des éperons, aux angles de la tour, d'où ils regardent avec une majestueuse fixité les quatre points cardinaux du ciel : disposition d'autant plus certainement exacte, que l'église était parfaitement orientée du couchant au levant, selon l'antique règle symbolique et les prescriptions apostoliques. De sorte que la tour de Saint-Jacques participe rigoureusement dans son assiette de cette orientation hiératique, puisqu'elle s'élevait en ligne droite au sud du portail occidental, ainsi qu'on la voit dans le charmant dessin de Garneray père, reproduit dans la plupart des éditions de la très-mauvaise *Histoire de Paris*, par Dulaure.

Mais cette imagerie mystique et aérienne offrait une curieuse particularité iconographique, tout à fait insolite au point de vue herméneutique, en ce que la statue patronale de saint Jacques le Majeur qui, comme celle actuelle, se dressait à environ six mètres au-dessus de la tourelle de l'escalier, tenait lieu de la figure synthétique de l'ange, attribut évangélistique ordinaire de saint Matthieu. Nous avions déjà constaté ce fait singulier dans notre précédent *Mémoire historique sur la tour de Saint-Jacques-la-Boucherie*, publié en 1853 ; mais depuis, nous avons acquis la preuve formelle que la statue symbolique de l'ange n'a jamais figuré sur cette tour; preuve qui est appuyée par ces paroles de l'abbé Villain : « Rault fit le saint Jacques placé sur la calotte de l'escalier, avec les *animaux qui sont aux trois autres angles* [1]. » Néanmoins, on a trouvé récemment au pied de la base ajoutée de la statue de saint Jacques des vestiges géométriques du socle qui aurait dû porter cet ange.

M. Théodore Ballu, l'habile restaurateur de cette tour, nous a dit avoir trouvé des traces de contre-forts consolidant les angles, et des dispositions prises

---

[1] *Essai*, c. X, p. 72.

indiquant visiblement le projet de construire sur la tour une flèche qui se serait appuyée sur les massifs portant les quatres symboles apocalyptiques, qui ainsi n'auraient point d'abord entré dans la pensée de l'architecte primitif ; d'où il résulte que, soit par l'intervention d'un architecte nouveau, qui aurait modifié le plan de son prédécesseur, soit par d'autres motifs, on n'aurait eu que postérieurement la pensée de placer sur la sommité des éperons de la tour ces quatre animaux mystiques qui, dans la prophétie d'Ézéchiel [1], sont les emblèmes des quatre vents, des quatre points cardinaux et des quatre forces de la nature, et qui, dans l'Apocalypse de saint Jean [2], considérée comme une prophétie, sont aux quatre angles du trône de Dieu.

Cette singularité hiérarchique qu'offre la statue de saint Jacques est due sans doute à une large interprétation du symbolisme qui admet quelquefois l'homme au lieu de l'ange pour caractériser saint Matthieu, et qui aura fait donner cet attribut à saint Jacques, pour honorer en lui le patron titulaire de l'église ; tandis que sa place véritable devait être au centre de la plate-forme, d'où il eût dominé symétriquement sur les quatre attributs mystiques, si l'ange avait été mis en son lieu ; car la place, dans les idées

---

[1] Ezech. c. i. v. 5, 25.
[2] C. iv, v. 6, 7, 8.

herméneutiques du moyen âge, aussi bien que dans les nôtres, n'est pas indifférente ; et la préséance accordée à tel personnage plutôt qu'à tel autre est toujours significative : ainsi la droite est supérieure à la gauche ; le haut est plus honorable que le bas, et le centre est préférable à la circonférence [1]. Ainsi, d'après cette synthèse iconographique, les animaux cantonnés sur la tour, n'étant que de simples attributs des quatre rédacteurs de la parole divine, l'homme, roi de la création, personnifié dans l'apôtre saint Jacques, devait s'élever au-dessus d'eux et être plus apparent. Or cette pensée esthétique semble avoir préoccupé celui qui avait hiérarchiquement disposé ces figures ; car ne voulant ou ne pouvant faire dominer saint Jacques par la place, il l'a fait dominer par une taille gigantesque, comparée à la structure inférieure des trois animaux. Il est donc évident que c'est au moins par un oubli de la synthèse hiérarchique, si le glorieux apôtre de l'Espagne, honoré dans une chapelle de cette église, sous le titre de saint Jacques de Roncevaux [2], a toujours occupé la place de l'ange sur cette tour. Le maître de l'œuvre aura pensé que c'est dressé sur l'angle pour être mieux vu, que saint Jacques, triomphant au ciel, devait dominer, pour bénir les fidèles de la

---

[1] *Iconographie chrétienne*, p. 162 et 163.
[2] Villain, *Essai*, c. XVI, p. 113.

paroisse placée sous son patronage, et dont les habitations étaient à ses pieds. Cette vénérable statue de saint Jacques fut précipitée du sommet de la tour, par les dévastateurs de l'église, en août 1793 ; et elle roula sur le parvis, ses membres fracassés, aux acclamations d'une multitude insensée. Ces quatre figures avaient été faites et posées, moyennant 20 livres tournois, représentant environ 100 francs de la valeur actuelle, par un artiste nommé *Rault*, qualifié *tailleur d'images*, suivant l'usage de désigner alors les sculpteurs [1].

Certains antiquaires se sont persuadé qu'en raison de la présence des animaux apocalyptiques, la statue d'homme qui dominait la tour au siècle dernier était Jésus-Christ et non saint Jacques. Quant à ces anciennes figures d'animaux grossièrement sculptées, à l'état d'une ébauche géométralement calculée d'effet pour être vue dans une perspective lointaine, comme elles étaient mutilées par l'injure des siècles, elles ont été descendues en 1854 et déposées au musée des antiquités nationales, établi dans l'ancien hôtel urbain des abbés de Cluny. Nous reviendrons plus loin sur les nouvelles et sur leur disposition hiérarchique.

En un temps comme le nôtre, où le roman, qui se lit avec une avidité toujours croissante, est devenu

---

[1] Villain, *Essai*, c. x, p. 71.

la base de notre littérature, la tour de Saint-Jacques-la-Boucherie, en voie de restauration, ne pouvait manquer, comme naguère Notre-Dame de Paris, d'exalter l'imagination fiévreuse de quelque romancier. Aussi, en février 1854, *la Semaine religieuse*, journal hebdomadaire, vendu aux portes des églises de Paris, s'imagina-t-elle de reproduire, sans doute pour l'édification de ses lecteurs catholiques, une légende apocryphe empruntée au journal *le Pays*, sur le sculpteur Rault, dont le nom obscur serait demeuré inconnu, si l'abbé Villain ne l'avait inscrit, mais sans aucun détail biographique, dans sa monographie de l'église de Saint-Jacques. Suivant cette chronique fictive, le tailleur d'images de notre tour n'attendait que la fin de ce travail pour demander en mariage une jeune personne nommée Marianne Jarente, fille d'un marchand de la rue de la Friperie, dont il était aimé; mais le pauvre sculpteur fut refusé par le père intéressé, sous le prétexte qu'il ne gagnait que *quatre sous par jour*. Peu de temps après, précisément le jour où l'infortuné Rault donnait le dernier coup de ciseau à la statue de saint Jacques, il vit entrer dans l'église, du haut de la tour, une jeune fiancée qu'un vieillard conduisait à l'autel : c'était Marianne Jarente, qui s'unissait pour toujours à un garçon de boutique de la maison de son père. A cette vue, le tailleur d'images se sentit troublé; et, soit désespoir ou accident, il tomba du haut de l'échafaud aux pieds de celle à laquelle il aurait voulu consacrer sa vie d'artiste. Justement effrayée d'un pareil accident, on porta la jeune fille mourante chez un droguiste de la rue Planche-Mibray. Lorsqu'elle reprit ses sens, elle était folle. Elle vécut dans cet état près de dix ans, et les gens du quartier ne la désignaient que sous le nom de *la folle de la tour Saint-Jacques*[1].

La hauteur de la tour de Saint-Jacques, depuis le sol de la rue jusqu'au niveau de la balustrade couronnant l'édifice, était de 50 mètres 25 centimètres, ou 25 toises 5 pieds, avant le nivellement des terrains qui l'environnent pour les égaliser à celui de la rue de Rivoli, qui se trouvait en contre-bas de plusieurs mètres. Lorsque l'ancienne statue patronale surmontait le monument, il fallait ajouter environ 5 mètres 8 centimètres, ou 3 toises ; ce qui portait la hauteur totale à 55 mètres 43 centimètres (30 toises, ou 180 pieds) de hauteur. En enlevant la terre environnante à une si grande profondeur, la tour se trouvait infailliblement déchaussée à sa base ; mais, pour prévenir tout ce qui pouvait compromettre sa solidité, on construisit en même temps, avec art, et en pierre très-épaisse, un large terre-plein au pourtour, élevé de 14 marches, qui, à raison de 14 centimètres l'une, surélève la tour de 2 mètres

---

[1] *Sem. relig.*, t. I, n° 14, p. 213.

10 centimètres, et lui donne aujourd'hui une hauteur totale de 57 mètres 53 centimètres (31 toises 1 pied 7 pouces), ou 187 pieds environ. La nouvelle statue de saint Jacques y domine dans la même proportion que l'ancienne. Cette immense hauteur permet d'apercevoir distinctement la tour, non-seulement de toute la rive gauche de la Seine, mais encore de tous les environs de Paris. Cette tour a, de diamètre, d'un angle à l'autre, hors d'œuvre, 10 mètres 31 centimètres, ou 5 toises 1 pied 9 pouces, mesurée en haut du monument, et un peu moins de 13 mètres ou 39 pieds à son soubassement.

Dans l'intérieur de l'éperon de la tour, à gauche de l'entrée occidentale, un escalier à vis et noyau plein en pierre dure, de 291 marches, à partir du seuil de la petite porte d'entrée, conduit à la plate-forme. Cet escalier est parfaitement éclairé par des ouvertures longues et étroites, pratiquées à chaque révolution, dans le mur de soutenement. L'emmarchement est racheté au-dessous par une moulure creuse en hélice continue, avec listel à profil carré. Pour mieux exprimer l'admirable effet de perspective dont on jouit du haut de cette plate-forme, d'où l'on découvre sans obstacle tous les monuments de Paris, les ponts, le cours de la Seine et la zone des collines environnantes, l'historien Sauval a employé spirituellement cette métaphore qui fait image : « Du haut de cette tour, dit l'avocat antiquaire, on voit la distribution et le cours de toutes les rues, comme les veines dans le corps humain [1]. »

La tour de Saint-Jacques renfermait douze cloches, dont la sonnerie grave et cadencée annonçait les gloires du ciel et les augustes solennités catholiques. Sauval fait aussi une mention particulièrement laudative de cette sonnerie ; il la trouvait *harmonieuse et son carillon fort musical*. Dans les derniers temps de son existence, l'église de Saint-Jacques-la-Boucherie eut aussi, mais plus réellement que la métropole, son *Quasimodo*. Un fruitier oranger de la halle, nommé Charles Yart, avait la direction de la sonnerie. Il était tellement passionné pour ses cloches, qu'à chaque vigile et jour de fête, il ne manquait jamais de régaler les paroissiens de Saint-Jacques de concerts successifs, d'hymnes et autres chants religieux, empruntés ou se rapportant à l'office du jour : concerts qu'il exécutait sur son carillon, composé de douze cloches, dont les six premières pesaient ensemble 25,755 livres, sans leurs armatures [2].

En ragréant naguère les parements intérieurs des

---

[1] *Antiq. de Paris*, t. 1, l. IV, p. 367.
[2] Villain, *Essai*, c. xix, p. 135. Que le peuple fidèle, avide aujourd'hui des cérémonies saintes et de la grande manifestation de nos mystères, juge par ceci de la solennité extérieure des fêtes catholiques au moyen âge, rien que par le son des cloches. La France comptait 1,700,000 clochers au temps de Charles VII.

murs de la tour, on découvrit les traces d'une inscription peinte en capitales romaines, au deuxième étage, du côté du midi. Cette inscription, tracée au-dessus des corbeaux qui portaient les sablières du beffroi, et qui constate le titre et l'habileté du sonneur Yart, a été restaurée par les soins de M. Th. Ballu, architecte, et est ainsi conçue :

L'AN 1772
PAR LES ORDRES DE M^{RS} MOREL, CURÉ.
BOURGET, PRUDHOMME ET MOREL,
MARGUILLIERS EN CHARGES,
TOUTES LES CLOCHES DE CETTE ÉGLISE
ONT ÉTÉ REMONTÉES ET LES DEUX GROSSES
DÉPOSÉES DU BEFFROY D'EN BAS
ET POSÉES AU — DESSUS DES AUTRES
PAR CHARLES YART, SONNEUR-CARILLONNEUR
DE CETTE PAROISSE.

La grosse cloche, dite *bourdon*, qui dominait toutes les autres, et qu'on nommait vulgairement *le Gros-Jacques*, fut brisée dans la tour en 1793 ; les onze autres furent portées aux Barnabites et dans l'église de Saint-Pierre-des-Arcis, qu'on avait transformés en usines où l'on brisait les cloches avec des moutons, et leurs débris étaient envoyés ensuite à la monnaie pour en faire des sous.

Si au XIIIe siècle des cours publics de chirurgie furent tenus dans l'église de Saint-Jacques, des

expériences de physique furent pratiquées au XVIIe
siècle sur la plate-forme et dans la tour de cette même
église, dont l'édifice avait été complétement renou-
velé dans le long intervalle qui sépare ces deux
siècles. Ainsi, en 1653, le savant Blaise Pascal, l'un
des premiers écrivains du siècle de Louis XIV et
l'un des plus grands géomètres dont puisse s'enor-
gueillir la France; qui, à vingt-trois ans, répéta les
expériences de Toricelli sur le vide, Pascal renou-
vela sur cette tour de Saint-Jacques les célèbres expériences qu'il avait faites précédemment sur la
montagne du Puy-de-Dôme, à deux lieues de Cler-
mont, son pays natal, et d'après lesquelles on re-
connut en physique la pesanteur de l'air, jusqu'alors
ignorée. Ces dernières épreuves, qui ont mis hors de
doute la certitude du principe et la solidité des
déductions, ont aujourd'hui ici leur commémoration
monumentale. Une statue en marbre blanc de Blaise
Pascal, placée sur un piédestal, avec une inscription,
sous la voûte, entre les quatre piles qui portent la
tour, rappelle, avec cet événement, le souvenir du
grand génie, et l'édifice construit jadis pour la gloire
de Dieu semble désormais consacré à la science hu-
maine. Or, au point de vue de l'histoire de cet édifice, les expériences de Blaise Pascal n'offrant qu'un
intérêt indirect et fort secondaire, il nous semble que
l'image d'Aymeric de Maignac, de Nicolas Flamel,
ou de tout autre paroissien illustre, eût figuré plus

logiquement sous ces arceaux que celle de l'illustre solitaire de Port-Royal.

Nous n'explorerons pas plus longuement les trésors d'intéressants souvenirs qui se rattachent à la tour de Saint-Jacques-la-Boucherie, édifice solitaire au milieu d'un jardin qui, maintenant vide d'harmonie, n'est plus, au point de vue rétrospectif et de l'inanité de sa destination actuelle, que la pierre funéraire d'une des plus anciennes et des plus historiques paroisses de Paris, et sur le frontispice duquel il faudrait graver, suivant la sage prescription du comité historique des arts et monuments[1] : *Ici exista pendant huit siècles l'église paroissiale et archipresbytérale de Saint-Jacques-la-Boucherie.*

C'est ici le lieu de tracer l'historique des grands travaux opérés à la tour de Saint-Jacques, depuis le mois de septembre 1853 jusqu'à ce moment. Ces détails, intéressants pour la postérité, en perpétuant la mémoire des généreux sacrifices faits par l'édilité parisienne pour la complète restauration de ce vénérable monument, ne seront pas sans utilité pour l'histoire de la ville de Paris. Au commencement de cette même année 1853, les projets d'embellissement de ce quartier confus et malsain inspiraient aux amis de l'art la crainte que de nombreuses difficultés ne s'opposassent à la conservation de cette précieuse

---

[1] *Bulletin archéologique du Comité*, année 1843, t. I, p. 38.

relique architecturale : mais par un bonheur presque inespéré, la curieuse tour ne s'étant trouvée sur aucun de ces alignements inflexibles que rien ne peut faire dévier, elle continuera de dominer, non plus la ville des générations éteintes, mais le Paris moderne et géométrique, au milieu duquel sa structure élégante et fine offre la perspective la plus pittoresque.

Dans le projet primitif du percement d'une rue monumentale qui devait relier le palais du Louvre à la place de la Bastille, la tour de Saint-Jacques se trouvait au point médial de l'axe géométral de la voie ; et les maisons, dans cette portion du parcours, auraient formé autour d'elle une ligne circulaire [1]. Puis, par des motifs dont nous n'avons pas à nous occuper ici, on abandonna ce projet pour adopter celui de prolongation de la rue de Rivoli à la rue Saint-Antoine, qui a été si rapidement exécuté. Mais par cette disposition la tour demeure en dehors, et sur la droite de l'axe de la nouvelle voie, où elle forme l'ornement de la place équilatérale ménagée entre la rue de Rivoli et le quai Pelletier. Il est évident que si la tour de Saint-Jacques se fût trouvée au milieu de l'axe de la rue, la perspective eût été admirable et la symétrie parfaite. Mais, puisque les inflexibles problèmes de la géométrie n'ont pu

---

[1] *Bulletin archéologique du Comité*, p. 40.

permettre d'obtenir ce résultat, l'axe de la rue passant devant cette place et la tour, c'est encore là de la symétrie. Il fallait, en effet, pour l'honneur du moyen âge, que d'un coup d'œil on pût voir cette belle tour des deux extrémités opposées de la voie et dans tout son long parcours. C'est un spectacle magnifique d'admirer son galbe majestueux, depuis le quartier Saint-Antoine jusqu'aux Champs-Élysées, et de la voir dominer, comme une reine, au-dessus des maisons, dans l'axe le plus éloigné d'elle, et dans la rue Montmartre.

Nous avons rappelé plus haut les difficultés imprévues qui s'étaient présentées après la démolition des constructions locales, lors du nivellement géométral des terrains accidentés que rencontrait la ligne de la nouvelle rue de Rivoli à travers le quartier de Saint-Jacques-la-Boucherie. Des propositions, puis des objections diverses, formulées par les ingénieurs, pour vaincre l'obstacle qui nécessitait impérieusement la destruction d'autres maisons, qui, peut-être, n'auraient été démolies que dans un avenir lointain, excitèrent vivement la sollicitude des propriétaires locaux. A cette occasion, *le Pays*, journal de l'empire, quittant sa gravité ordinaire, publiait cet article dans sa feuille du 28 août 1852 :

« On connaît la facétie poitevine qui prête aux habitants de la petite ville de Saint-Maixent la bizarre pensée de déplacer, à force de bras et par une simple traction, le clocher de leur cité. Les plaisants assurent même qu'une tentative aurait été faite à cet égard par ces honnêtes et naïfs Poitevins, non sans quelque espoir de succès.

« Si l'on en croit un bruit sérieux, qui s'est répandu dans le quartier Saint-Martin, et que répètent les échos de la rue de Rivoli nouvelle, sur tout son parcours immense, les Parisiens seraient eux-mêmes sur le point de voir transporter à bras d'hommes la tour de Saint-Jacques-la-Boucherie, sur la place qui se dessine en ce moment dans l'axe de la rue de Rivoli, à quelques mètres de distance de la situation actuelle du monument.

« Les ingénieurs auteurs de cette gigantesque proposition vont même jusqu'à affirmer que M. Lebas, l'ingénieur à qui l'on doit la translation de l'obélisque de Lucqsor, aurait lui-même présenté un plan au gouvernement, dans le but de transporter d'une seule pièce tout entière la tour, du lieu où elle est située, à la place où l'on désire la voir s'élever.

« Un mathématicien d'une force colossale a calculé, on ne sait comment, que la tour pèse ou doit peser 200 mille quintaux, ou 20 millions de kilogrammes, pas un centigramme de plus, dit ce nouveau et prodigieux *Mongiammèle*.

« Le plan de M. Lebas consisterait à creuser tout autour des fondations une immense cavité, dans laquelle on introduirait un chariot tout en fer, qui descendrait jusque sous l'édifice. Ce chariot, placé lui-même sur un chemin de fer, assis sur des fondations très-solides, serait traîné par 500 cabestans, mis en mouvement par trois régiments d'artillerie et du génie. On pourrait ainsi conduire la tour jusqu'où l'on voudrait, fût-ce à la place de la Concorde. »

Cette allégation railleuse d'un journaliste passa inaperçue; et, quoi qu'on en ait pu dire alors, les ingénieurs et les architectes, répondant au vœu de l'autorité, n'eurent d'autre pensée que de conserver à la ville, qu'ils voulaient embellir, un monument qui, en en révélant l'histoire, attire les étrangers, et donne à la localité un caractère tout spécial. Aussi, après avoir adopté les différentes dispositions pour l'œuvre de régénération qu'il méditait et en avoir estimé à première vue la dépense, le conseil municipal, dans sa séance du 25 août 1853, vota une somme de 500,000 francs à cet effet, et confia la direction des travaux à M. Théodore Ballu, grand prix de Rome et architecte de l'église de Sainte-Clotilde [1].

---

[1] Le nom de M. Ballu avait déjà une réputation ancienne et méritée dans l'art de la construction; car sous l'empire de Napoléon Ier, M. Ballu, père de notre architecte, restaurateur de la tour, était le charpentier du Louvre, sous la direction de M. Fontaine.

L'attribution de cette somme de 500,000 francs fut ainsi répartie :

Soubassement de la tour. . . .	50,000 fr.
Restauration	151,497
Jardin avec grille	141,337
Deux bassins	20,000
Statues pour la tour.	71,500
Direction	23,000
A valoir pour imprévu	42,666
Total égal. . . .	500,000 fr.

Le conseil s'occupa en outre des travaux d'art qui devaient avoir une si grande part à cette restauration, et du choix des artistes chargés ensuite par le préfet d'y consacrer leurs talents. M. Th. Ballu avait étudié préalablement l'édifice depuis la première assise jusqu'aux découpures de la galerie ; car dans son plan général de restauration il n'a omis aucun détail. On voit que son but, consciencieusement réalisé, a été de continuer la pensée qui avait présidé à l'ornementation de cette tour : décoration presque nulle d'abord, mais augmentant de richesse à mesure qu'elle s'élève, et poussée jusqu'à la profusion lorsqu'elle approche du sommet.

Si, dans notre appréciation de cette restauration et de l'appropriation actuelle de cet édifice, nous avons, dans la limite de nos modestes connaissances, exprimé quelques mots de critique sur certains détails ou dispositions, sans doute imposés à l'architecte, cette critique modérée et purement esthétique, n'ayant rien de personnel, n'est que la répréhension précise et modifiée de ce qui peut blesser le bon goût dans un monument qui conservera toujours, quoi qu'on en puisse faire, l'austérité de son caractère religieux.

Toutes les idées de l'architecte étant arrêtées, tous ses jugements formés, puis l'agence organisée et une fois en possession de ce curieux type d'architecture de la première moitié du XVIe siècle, les travaux commencèrent. Un crédit de 150,000 fr. avait été mis à la disposition de M. Ballu, pour l'année alors courante. Bientôt un échafaudage immense [1], révélant l'habileté de M. Bellu, charpentier de Notre-Dame et constructeur du nouveau clocher de la Sainte-Chapelle de Paris, couvrit le monument depuis la base jusqu'au sommet; et la reprise des quatre faces fut poussée avec activité, et menée de front avec les travaux des constructions privées qui forment aujourd'hui la ceinture de la magnifique place de Saint-Jacques-la-Boucherie. Le public

---

[1] Deux planches de l'*Encyclopédie d'architecture*, publiée sous la direction de M. Victor Calliat, architecte, reproduisent cet échafaudage de la tour de Saint-Jacques-la-Boucherie, comme un précieux spécimen de l'art du charpentier à notre époque.

suivait avec un intérêt toujours croissant le progrès rapide de cette restauration d'un vieil édifice si longtemps délaissé, et jusqu'alors indifférent pour lui.

Quant à la grosse œuvre, la tour a été reprise extérieurement, presque en totalité depuis sa base jusqu'au premier cordon, en laissant lisses comme elles l'étaient primitivement les surfaces de cette zone, sauf les saillies et reliefs des archivoltes, des larmiers et des barbacanes. Deux pieds droits ont été remontés en pierre de roche de l'Aversine, jusqu'au premier étage, et les autres consolidés. Ce travail difficile et soigné, dont l'appareil est lié et identique avec celui du XVIe siècle, a été exécuté dans l'espace d'une année à peine. La plate-forme, recouverte en pierre de liais dur, pour mettre l'édifice à l'abri des intempéries, reçut aussi une nouvelle balustrade dont les fines découpures représentent exactement les dessins de l'ancienne.

En même temps s'opérait le nivellement de l'emplacement où fut, pendant au moins huit siècles, l'église de Saint-Jacques-la-Boucherie : sol béni que la nouvelle rue allait traverser. Ce déblai, en conduisant à baisser le terrain, permit d'étudier, dans le déplacement considérable des terres, les trois périodes historiques de ce monument religieux. Dans son rapport, inséré dans le *Bulletin du Comité de la langue de l'histoire et des arts de la France* (Ann. 1853, t. 1,

p. 420), M. Albert Lenoir, architecte, constate que la couche inférieure montra quelques fragments de constructions qu'on put attribuer au siècle carlovingien, époque à laquelle les historiens font remonter la fondation de la chapelle primitive. Puis, que de l'édifice beaucoup plus considérable, élevé du XIIe au XIIIe siècle, lors de l'érection de la paroisse, sur les ruines de cette première chapelle, furent retrouvés en place, sur une hauteur de 70 à 80 centimètres, ainsi que nous les avons vus nous-même, plusieurs bases des piliers de la grande nef, à colonnes fasciculées, avec profils; des soubassements foliés et à griffes; puis quelques chapiteaux et autres détails d'architecture qui furent recueillis avec soin et déposés au musée de Cluny.

Sous le sol de cette seconde église, dont on put reconnaître en partie l'étendue, on découvrit plusieurs sépultures établies, soit dans des cercueils de plomb, dont quelques-uns avec des inscriptions; soit en pleine terre. L'une d'elles contenait les restes d'une femme dont le squelette offrait des proportions assez remarquables pour que M. le docteur *Serres* le réclamât pour ses études anthropologiques; et, avec ces ossements, une douzaine de vases en terre cuite de grande dimension, ayant contenu de l'eau bénite ou de l'encens; puis d'autres vases de terre renfermant du charbon, suivant les usages symboliques observés jadis dans les sépultures chrétiennes jusqu'au XIIIᵉ siècle [1].

Enfin, la troisième et dernière église des XIVᵉ et XVᵉ siècles, dont l'abbé Villain nous a fait connaître par trois plans ichnographiques les accroissements successifs et les formes régulières, a montré aussi ses ruines au-dessus des deux premières. Elles se composaient de nombreux fragments qui, pouvant être rapprochés, firent reconnaître le style de cette architecture. Dans ces mêmes fouilles, on découvrit un petit caveau portant quelques traces de polychromie, qui furent aussitôt dessinées. Il n'en fallut pas davantage à certaines personnes, séduites par le bruit de la mémoire de Nicolas Flamel, déjà vieille de plus de quatre siècles, et qui, néanmoins, se raviva assez à l'ombre de la tour de Saint-Jacques restaurée, pour qu'elles considérassent, à tort, ce caveau comme ayant été la sépulture de ce célèbre paroissien : ce qui est tout à fait impossible, puisqu'il fut inhumé dans la nef, en pleine terre, au-dessous du crucifix.

Cet immense déblaiement des terrains avoisinant la tour, et sur lesquels allait être formé, au centre d'une vaste place quadrangulaire, un jardin à la mode anglaise, s'étant poursuivi avec la même

---

[1] Guil. Durand, *Ration. de Officio mortuor.*, lib. VII, c. XXXVII, § 37. — Jean Beleth, *C. de Sepult.*

activité que les travaux d'architecture, se trouva terminé au moment convenable pour compléter la décoration extérieure de la tour, en la consolidant par un terre-plein destiné à racheter son isolement, et figurant une sorte de piédestal ou de soubassement continu, qui aura l'inconvénient de laisser croire que cette tour a toujours été isolée et ne s'est jamais rattachée à une église. Le plan de ce soubassement est octogone. Il est couronné par une balustrade à jour, d'un style en harmonie avec celui de la tour et composé d'arcatures verticales trilobées, séparées par des montants profilés de moulures pannelées, et d'accolades avec feuilles d'ornement. On y accède par deux rampes de même dessin que la balustrade, à laquelle elles se rattachent, et conduisent aux deux arcades principales du levant et du couchant, par un escalier de quatorze marches, fermé par une grille élégante, en fer forgé, d'un dessin léger autant que gracieux, style du XVIe siècle, et ouvrant à deux vantaux.

L'intérieur du monument a été complétement ragréé, sans néanmoins que les voûtes, planchers et divisions horizontales aient été rétablis. Les ornements extérieurs, ensevelis sous une épaisse couche de poussière amassée pendant trois siècles dans leurs refouillements, ont recouvré la vivacité de leurs découpures prismatiques et la profondeur de leurs reliefs. Les parties de sculpture végétale, zoologique et d'ornement qui avaient été détruites ou mutilées par le temps, ont été remplacées ou restaurées avec une similitude parfaite. Mais, par un amour du pittoresque qui ne sera jamais approuvé par la science et les artistes sérieux, et sous le frivole prétexte de faire admirer aux spectateurs une échappée d'azur céleste dans les flancs tristement vides de la tour, on a dégarni ses grandes ouvertures latérales des auvents traditionnels qui lui donnaient le cachet historique de sa destination spéciale ; puis elle resta ainsi éventrée pendant environ deux ans, *engouffrant les furieux autans*, et proclamant en quelque sorte qu'elle était une belle ruine parfaitement restaurée, mais désormais sans autre utilité que de donner un point de perspective. Cependant la crainte de compromettre la conservation du monument, en laissant pénétrer incessamment les intempéries des quatre horizons à travers ses longues baies ainsi béantes, aura sans doute été le véritable motif qui, en faisant renoncer à cette fantasmagorie pittoresque, aura aussi fait prendre le parti insolite et peu rationnel, au double point de vue d'une utilité de tradition et de la science archéologique, de remplacer les abat-sons par des vitraux, divisés horizontalement et à distance par des traverses ou précinctions ornementées, en bois de chêne, recouvertes en plomb. Lorsqu'elle n'était encore qu'en projet, cette innovation, peu goûtée des artistes sérieux, donna naissance à ce bruit vague qu'on voulait, au lieu de cloches, établir un musée d'antiquités dans la tour.

Au reste, ces vitraux légèrement ornés n'ont qu'une valeur artistique relative à leur destination, celle de remplir des vides; aussi, l'économie du talent y répond à la parcimonie qui a ordonné l'exécution du travail. Ce sont des vitraux peints en grisaille, à compartiments losangés, mêlés de fleurons en quadrille. Au centre de chaque travée, et dans toute sa hauteur, sont placés au-dessous les uns des autres, et découpés pour ainsi dire sur le fond, des médaillons ronds dont les lignes horizontales, correspondant à chaque baie, pourtournent parallèlement l'édifice. La décoration de ces médaillons en couleurs, cernés d'un filet orange, offre à peu près le même type : une verte couronne en feuille de chou frisé, au centre de laquelle est un lambrequin armorial, orange ou grisaille, se détachant sur un fond d'azur et sommé d'une banderolle nouée, sur laquelle on lit en caractères gothiques : *Gloria in excelsis Deo*. Les pièces de blason dont est chargé l'écusson varient selon les souvenirs historiques locaux que l'artiste a voulu rappeler. Ainsi, sur plusieurs écussons apparaissent le bourdon annelé et la gourde du pèlerin, cantonnés de quatre coquilles, attributs vulgaires de Saint-Jacques-le-Majeur[1]. Sur

---

[1] L'usage de représenter cet apôtre avec un bourdon, un

d'autres écussons est inscrit le monogramme de *Nicolas Flamel*. Puis, l'intelligente direction donnée à cette restauration y est aussi consacrée héraldiquement par le monogramme crucifère, plusieurs fois répété, de l'honorable architecte, M. Théodore Ballu. Enfin, les noms des artistes qui ont participé par leur travail à la régénération de la tour de Saint-Jacques, sont écrits, comme mémorial, dans l'inscription suivante, tracée en minuscules gothiques, et divisée dans la suite de médaillons des verriers de premier étage, en commençant de gauche à droite, du côté sud de la tour :

Sous le règne de Napoléon III, le conseil municipal entreprit la restauration de la tour de Saint-Jacques-la-Boucherie. Cette restauration fut confiée à M. Théodore Ballu, architecte; MM. Senar, inspecteur; Garnier, sous-inspecteur. Les statues sont de MM. Ar--

---

chapeau et un collier de pèlerin vient apparemment de ce que ceux qui faisaient le voyage de Compostelle, en Espagne, pour y vénérer ses reliques, y allaient ordinairement à pied, avec un long bâton fait au tour, ayant au bout un ornement en forme de pomme; et ils en revenaient chargés d'un collier orné de coquilles qu'ils appelaient coquilles de saint Jacques. Ainsi ces pèlerins, comme ceux du mont Saint-Michel, se croyaient obligés de porter attachés à leur manteau les valves de quelques espèces de peignes de l'Océan ou de la Méditerranée. Mais la façon la plus naturelle de représenter ce glorieux apôtre serait de lui faire tenir une épée au lieu du bourdon, puisqu'il eut la tête tranchée sous le règne d'Hérode, roi de Judée. (*Actes des Apôtres*, c. XII, v. 2.) A la Sainte-Chapelle de Paris, il n'a d'autres attributs que le bâton du voyageur.

naud, Bonnassieux, Calmels, Chambard, Chenillon, Chevalier, Cordier, Courtet, Dantan, Desprez, Diebolt, Duseigneur, Froget, Girard, Gruyère, Loison, Lechesne, Pascal, Perraud, Protat, Revillon, Talluet et Villain. — *Les ornements sont de M. Lafontaine.* — *Bellu, charpentier.* 1856.

MM. Oudinot, facteur des verrières, Bénouville et Durand, serruriers, qui ont fait les armatures, ne sont point inscrits dans ce *memento* monumental, un peu fragile, qui doit transmettre aux générations le choix heureux de ces artistes et l'habileté incontestable qui, avec leur concours, acheva la restauration de ce précieux débris de l'une des plus anciennes basiliques de la capitale.

On avait épuisé le premier crédit de 150,000 fr., voté en 1853, et prélevé sur la somme de 500,000 fr. à laquelle avait été évaluée, dans le principe, la dépense de cette opération; dépense qui depuis fut estimée à 700,000 francs. En juin 1854, la commission municipale vota un nouveau crédit de 200,000 francs, pour la continuation de ces travaux, pour lesquels la direction a redoublé d'activité, au point d'être arrivée aujourd'hui presque au terme de sa mission, au moyen des crédits subséquemment mis à sa disposition. D'où il résulte qu'en ajoutant aux 700,000 francs destinés à cette restauration celle de 250,100 francs payée le 27 août 1836, par la caisse municipale, pour l'acquisition de la tour de Saint-Jacques par la ville de Paris, le chiffre des sacrifices que s'est imposée l'administration départementale, pour la conservation de ce monument historique, s'élèverait à 950,100 francs, en ce non compris les acquisitions d'immeubles environnant l'édifice, pour opérer son dégagement.

Une des parties les plus gracieuses de l'ornementation sculpturale de la tour de Saint-Jacques-la-Boucherie, sont les niches étagées et pratiquées sur ses quatre faces, dont les dais à couronnements pyramidaux sont très-compliqués. Sur le fond de ces niches, on apercevait encore naguère les traces et les scellements des anciennes statues qu'elles abritaient, et qui en furent arrachées dans les tristes jours de 1793. Notre ami, M. A.-P.-M. Gilbert, membre honoraire de la société des antiquaires de France, inspira à M. Ballu une pensée qu'il accueillit avec faveur : celle de remplir ces niches, au nombre de dix-neuf, des statues commémoratives de saints choisis, tant parmi les patrons des chapelles en titre de l'ancienne église de Saint-Jacques, que de ceux des principales confréries d'arts et métiers qui y étaient érigées, ainsi qu'ils sont relatés dans la *Monographie* de l'abbé Villain[1].

Toutes ces statues en pierre de Conflans, exécutées

---

[1] *Essai*, c. xvi et xvii, p. 112 et 117.

dans la même proportion de 2 mètres 50 centimètres, sont autant remarquables par leur facture technique que par leur caractère archaïque et individuel. On voit que les artistes à qui sont dues ces figures se sont inspirés des véritables principes de l'iconographie catholique dans les manuscrits à miniature du moyen âge, dans les vieilles histoires et les vies des saints, ou sur des types ayant conservé quelque chose de la souplesse et de l'expression des temps hiératiques : car le statuaire peut être fort habile dans son art et ne point connaître, faute de lecture ou de recherches, certaines règles qu'il doit observer.

Voici la nomenclature de ces statues, avec les noms des artistes qui se sont livrés à ce travail iconologique, qui se distingue par le talent et la précision esthétique, tout en rappelant la foi et l'ancienne piété des habitants du vieux Paris :

1. Saint Louis, roi de France [1], par M. Dantan aîné.
2. Sainte Geneviève, patronne de Paris [2], par M. Gruyère.
3. Sainte Catherine, la Philosophe, l'illustre martyre d'Alexandrie, par M. Bonnassieux.
4. Saint Paul, l'apôtre des nations, par M. Chambard.

---

[1] Patron titulaire de la chapelle de la confrérie des bouchers de Paris, dans l'église de Saint-Jacques.

[2] Nicolas Flamel avait une si grande dévotion pour la glorieuse bergère de Nanterre, qu'il s'était fait représenter l'invoquant, sur le portail de l'église de Sainte-Geneviève-des-Ardents, à Paris.

SAINT-JACQUES-LA-BOUCHERIE.

5. Saint Jean l'Évangéliste [1], par M. Diebolt.
6. Sainte Marguerite, vierge et martyre d'Antioche de Pisidie, par M. Villain.
7. Saint Jean-Baptiste, le précurseur de J.-C., par M. Cordier.
8. Sainte Madeleine, qui accompagna le Sauveur dans sa Passion, par M. Girard.
9. Saint Quentin, diacre et martyr, l'apôtre de la Picardie, par M. Taluet.
10. Saint Michel archange, le prince des esprits célestes, par M. Froget [2].
11. Saint Clément, pape et martyr, par M. Calmels.
12. Saint Laurent, diacre et martyr, par M. Perraud.
13. Saint Georges, guerrier et martyr en Cappadoce, par M. Protat [3].
14. Saint Roch, confesseur, par M. Desprez.
15. Saint Léonard aux Pèlerins, l'apôtre des Francs, par M. Duseigneur.
16. Saint Jacques le Mineur, apôtre, premier évêque de Jérusalem et martyr, par M. Arnaud.
17. Saint Pierre, prince des apôtres, par M. Courtet.
18. Saint Augustin, évêque d'Hippone et docteur de l'Église, par M. Loison.
19. Saint Christophe, martyr de Lycie, second patron de la paroisse de Saint-Jacques [4], par M. Pascal.

---

[1] Patron des peintres et des selliers, établis en confréries dans cette église.

[2] Saint Michel était le patron de la confrérie des chapeliers et aumussiers de la ville de Paris, dans l'église de Saint-Jacques-la-Boucherie.

[3] Les armuriers et haumiers, qui habitaient sur la paroisse la rue de la Heaumerie, démolie en 1855, avaient pris ce protecteur de l'Angleterre pour patron de leur confrérie dans l'église de Saint-Jacques-la-Boucherie.

[4] L'union patronale de ces deux saints a pour cause leur

Le principe qui tend à conserver l'unité et l'harmonie d'un édifice qu'on restaure jusque dans ses moindres détails, est un principe rationnel, proclamé naguère par le comité des travaux historiques [1]. Il eût donc peut-être été convenable de maintenir dans les places qu'ils occupaient sur la tour, depuis plus de trois siècles, les animaux mystiques dus au sculpteur Rault, d'autant mieux que les ayant vus descendus à terre, sur le chantier, rien d'impératif ne nous a paru nécessiter leur remplacement, sauf qu'ils étaient légèrement couverts de mousses et de lichens, et qu'on y remarquait quelques trous dans la pierre et des mutilations faciles à réparer, ainsi qu'on avait eu d'abord l'intention de le faire, puis de s'en tenir là. Mais, comme il fallait compléter l'ensemble de ces figures par celle de l'ange, et que la tourelle de l'escalier, si curieusement fouillée et ciselée en spirales ascendantes, qui flanque le côté nord-ouest de l'édifice, devait être couronnée de

---

festivité commune, fixée au 25 juillet. Ils étaient en outre patrons d'une confrérie à laquelle Nicolas Flamel était affilié en 1416. Il avait même fait sculpter leurs images sur la façade de sa maison, regardant le petit portail nord de l'église Saint-Jacques-la-Boucherie. En mémoire de ce qu'il fut apôtre d'Espagne, dans certains actes de la fabrique et de la confrérie, Saint-Jacques est surnommé de *Roncevaux*, vallée du royaume de Navarre, entre Pampelune et Saint-Jean-Pied-de-Port, où l'arrière-garde de l'armée de Charlemagne fut défaite, en 778, par les Sarrazins et Loup, duc de Gascogne.

[1] *Bulletin*, année 1843, t. I, p. 47.

nouveau par une statue de saint Jacques, dont la base de l'ancienne existait encore à l'état de pierre d'attente, on jugea expédient que toutes ces images, qui donnent au sommet de la tour un aspect si pittoresque, seraient refaites à neuf. M. Chenillon fut nommé par M. le préfet pour les exécuter; et c'est du ciseau de cet artiste, éminemment distingué par son talent, que sont sortis la statue de saint Jacques et les quatre attributs mystiques qui couronnent aujourd'hui le monument.

En ce qui concerne Saint-Jacques, M. Chenillon avait pour programme de reproduire cet apôtre voyageur tel qu'il était autrefois, avec les attributs de pèlerin. Il a consciencieusement rempli cette tâche, et paraît avoir pris son type sur la belle vignette gravée vers 1677, et placée en tête du mortuologue de l'église de Saint-Jacques [1]. M. Chenillon a véritablement restitué la statue de saint Jacques le Majeur, rendue plus importante par son isolement au milieu de l'horizon, et s'élevant entre le ciel et la terre. Puis, du pied de ce glorieux apôtre, semblent se détacher les animaux mystiques, comme pour lui offrir l'hommage de leur dignité vassale.

Les trois animaux mystiques ont été copiés par

---

[1] « Estat des fondations faites et qui s'acquittent dans l'église paroissiale de Saint-Jacques-la-Boucherie, etc. » Paris, 1678; in-12.

M. Chenillon sur les trois originaux réformés. Mais l'exécution de l'ange, formant le premier des quatre attributs, n'ayant jamais existé, paraît avoir été subordonnée à ses appréciations iconographiques. Tout en rendant un juste hommage à la correction du dessin et au caractère de pieuse dignité qu'offre cette figure céleste, nous regrettons cependant que, pour interpréter la fonction sacerdotale dont les anges s'acquittent auprès de Dieu en priant pour nous, l'habile M. Chenillon ne se soit pas inspiré d'un type moins vulgaire et plus hiératique que celui de cet enfant à genoux en joignant les mains, qu'on voit partout sur la planche des mouleurs italiens qui parcourent les rues, ou sur les tombes des cimetières de Paris.

Ainsi, ces attributs figurent à la fois le Christ et ses quatre évangélistes; et pour cela même, ils ne peuvent être classés indistinctement suivant le caprice ou le goût d'un artiste, mais selon le sens symbolique qui leur est attribué par l'*éxégèse*. L'ordre hiérarchique est celui-ci, en prenant Jésus-Christ pour point de départ, bien que son auguste image n'ait jamais trôné sur la tour : l'ange de saint Matthieu, par sa nature céleste, est toujours le premier et doit occuper la place la plus honorable, à droite. L'aigle sublime de saint Jean, à gauche. Le lion rugissant de saint Marc, à droite; et le bœuf ruminant de saint Luc, à gauche : quand cet ordre n'est point suivi, il y a erreur [1]. Or, d'après cette règle hiérarchique, quelquefois intervertie par ignorance, et aussi d'après l'orientation hiératique de la tour de Saint-Jacques, l'ordre de ces attributs évangélistiques aurait dû se présenter ainsi :

L'ange devrait regarder le sud-est, et être placé où est le bœuf.
L'aigle devrait regarder le nord-est, et être placé où est le lion.
Le lion devrait regarder le sud-ouest, et être placé où est l'ange.
Le bœuf devrait regarder le nord-ouest, et être placé où est l'aigle, derrière saint Jacques.

Si notre mémoire est fidèle, le statuaire Rault avait placé l'aigle et le lion dans l'ordre synthétique que nous indiquons ; et le bœuf était irrationnellement à la place qu'il occupe aujourd'hui. Au reste, cette erreur symbolique, inappréciable pour le vulgaire, n'a pas plus de valeur aujourd'hui, que celles que commettent souvent certains restaurateurs modernes de nos églises, et ne peut nuire en rien à l'aspect majestueux de l'édifice, qui nous apparaît comme un témoignage de primauté des aspirations de nos monuments catholiques vers le ciel.

---

[1] Voir GUIL. DURAND, *Rationale divinorum Offic.*, lib. 1, c. III. — DIDRON, *Iconog. chrét.*, p. 256. — *Manuel d'Iconographie grecque et latine*, p. 73, 240 et 307.

La tour de Saint-Jacques, aujourd'hui vide et creuse du bas en haut, comme un vaste tuyau de cheminée, et n'ayant maintenant d'autre destination utile que de contribuer, par son galbe, à la décoration locale et à la perspective, ou de servir d'observatoire aux curieux et aux oisifs qui, du sommet, veulent contempler Paris vu à vol d'oiseau ; il y avait donc, au point de vue de ce parti pris, nécessité de ne s'occuper que de la décoration extérieure de l'édifice. Mais le cénacle du bas de la tour, dont les travées ogivales des quatre faces doivent rester ouvertes, d'après le système de décoration qui paraît définitivement adopté, aurait offert un aspect triste et peu pittoresque, si quelque ornementation intérieure n'avait rempli ou racheté le vide de cette espèce de vestibule qui fut autrefois une chapelle dédiée à saint Quentin, dont quelques traits de la légende y figuraient en peintures murales fort médiocres, ainsi qu'on a pu en juger par les vestiges presque éteints retrouvés en 1854. Ainsi, par une inconséquence que rien ne nous paraît pouvoir justifier, on a soigneusement rétabli tous les signes et attributs religieux qui caractérisent cet édifice ecclésiastique, pour en faire tout simplement une espèce de kiosque turc dans un jardin anglais [1].

---

[1] Un guetteur de nuit, avec poste télégraphique en communication avec toutes les casernes de sapeurs-pompiers de la

Par conséquent, au lieu de faire une chapelle de ce centre inférieur de la tour, pour le motif que nous dirons en son lieu, on imagina d'y ériger une statue à Blaise Pascal, en mémoire des expériences qu'il fit sur la tour en 1653; et l'exécution en fut confiée à M. Cavelier, auteur de la *Pénélope*, qui a montré de nouveau en cette occasion tout ce que son ciseau a de noblesse et de vigueur; car cette image du savant par excellence, du philosophe chrétien, est un portrait plein de vie, où le costume du règne de Louis XIV est parfaitement ajusté. Des formes nobles, des draperies d'un bon style, un grand effet de caractère, recommandent cette statue de marbre blanc à l'attention des amis éclairés de la sculpture moderne. Néanmoins, malgré son mérite artistique, la statue de Blaise Pascal de M. Cavelier, tout en rappelant le souvenir de ce grand génie, fera toujours ici un effet médiocre et disparate, enveloppée dans cette architecture archaïque, sous cette voûte à nervures qui l'écrase, où elle a pour ciel l'œillard d'un clocher; où enfin (qu'on nous pardonne cette comparaison) elle apparaît comme une chandelle

---

capitale, serait, dit-on, prochainement installé sur la tour de Saint-Jacques-la-Boucherie, comme étant le point le plus central de Paris. (*Union* du 2 juillet 1856.) On ne peut qu'applaudir à cette destination protectrice qui serait attribuée à ce vieux monument chrétien, ainsi que cela a lieu à Chartres et dans plusieurs villes du Nord.

dans une lanterne. Or, il est évident pour tout homme de goût que cette œuvre monumentale ferait bien plus d'honneur à l'artiste qui l'a créée, si elle était placée, soit dans le square de Saint-Jacques, soit dans un musée, à l'école des Beaux-Arts, ou à l'Observatoire de Paris.

Ainsi que nous l'avons déjà dit, une grandiose ogive profilée de moulures creuses et tauriques, puis fleurie dans ses courbures curvilignes, s'ouvre sur chacune des quatre faces de la tour, et laisse apercevoir la statue de Pascal, reposant sur un haut piédestal carré. Les parties en retraite de la tour, au-dessus des quatre archivoltes de ces baies, sont ornées de gracieuses galeries de pierre découpées à jour, dans le style flamboyant. Les deux arcs au levant et au couchant forment portiques : celui du couchant, plus orné, porte à son front une archivolte dont la gorge est remplie de rinceaux de vigne, où courent quelques animaux batraciens et du genre mollusque. Les rampants, chargés de feuilles de chou frisées, sont cantonnés de pinacles à crochets sur leurs arêtes, et ornés simplement d'un bouton sur leur sommet. L'arc à talon de cette archivolte est amorti par un pédicule que surmonte aussi un bouquet de feuilles épanouies; puis de petites gargouilles à tête d'animaux, d'une fantastique mièvrerie, saillissent des culots des pinacles, ou en se pénétrant dans l'assise ou le glacis des larmiers. Toute cette décoration, d'un style analogue à celui de la tour, est, en majeure partie, due au goût intelligent de l'architecte restaurateur, M. Th. Ballu.

Enfin, voilà donc la tour de Saint-Jacques-la-Boucherie restaurée extérieurement et d'une manière tellement complète, que si maître Charles Bourgoin, celui des curés de la paroisse qui l'a vue construire sous sa longue administration (1504-1522), et qui, après en avoir surveillé les travaux, l'a probablement inaugurée, revenait au monde, il retrouverait, presque comme il l'a laissé, ce noble débris, échappé comme une épave du naufrage de son église.

Non-seulement toutes les déchirures de l'édifice sont cicatrisées, mais on l'a entouré d'habitations somptueuses, bordant son vaste périmètre, qui a aussi été l'objet d'une heureuse et verdoyante innovation, sur laquelle quelques détails vont suivre : mais, hélas ! toute cette magnificence ne sert, quant à présent, qu'à parer un sépulcre. L'appropriation peu sérieuse de ce vénérable édifice dont on a pu juger ainsi, lors des fêtes du baptême de S. A. le prince impérial, le 14 juin 1856, où il est apparu dans l'ombre, aux yeux de la multitude étonnée par l'éclairage intérieur des vitraux, comme une énorme veilleuse ou lanterne chinoise, nous démontre péremptoirement que le programme tracé dans notre précédent *Mémoire historique et archéologique sur la tour de Saint-Jacques*[1], aurait eu dans tout ou partie de sa réalisation un avantage d'utilité et d'agrément plus réel et plus logique que cette morne et fantastique illumination interne d'une *Chambre aux cloches*.

Un système d'éclairage au gaz, établi dans la tour, prouve que ce mode d'illumination transparente de l'édifice est permanent et définitivement adopté pour les fêtes nationales. Ce système consiste en un appareil de tuyaux disposés verticalement devant chaque vitrail, avec des réflecteurs étagés ascensionnellement de distance en distance. Puis de longues échelles de fer, scellées sur les faces des quatre angles biais de la tour, dans toute sa hauteur interne, ont été ainsi établies pour le service des allumeurs, qui peuvent aller d'un étage ou d'une échelle à l'autre, par des planchers en balcons pourtournant la tour, et garnis de garde-fous en tringles de fer.

Au reste, l'illumination au gaz des galeries, des bandeaux et des membres saillants de l'architecture, offre un aspect assez gracieux, sauf que la pose réitérée des appareils aurait peut-être l'inconvénient

---

[1] Publié par extrait dans le *Moniteur universel* du 2 juillet 1853, n° 183 ; publié *in extenso* dans le journal de l'*Instruction publique et des cultes*, les 21, 24 et 28 décembre de la même année, vol. XXII, n° 102, 103 et 104 ; puis couronné par l'Académie des inscriptions et belles-lettres, dans sa séance publique du 10 août 1855.

d'altérer les détails ou profils de l'ornementation, et que la permanence de ces tuyaux de plomb, hérissés de becs à gaz, rampants tant sur les frises que sur les lignes géométrales, et vus à la clarté du jour, produiraient un effet inharmonique et désagréable. Mais il serait bien d'établir sur la plate-forme de la tour, au lieu du mât vénitien, un grand appareil de lumière électrique, dont les rayons et les molécules homogènes éclaireraient chaque nuit, non-seulement les rues du voisinage, mais encore se projetteraient en tous sens dans un immense cercle atmosphérique. Ce grand luminaire, nouvel ornement de la capitale, apparaîtrait dans l'espace comme un phare éclairant les vaisseaux en mer. Et comme depuis l'empire, sous Napoléon le Grand, l'art des illuminations, beaucoup exercé en France, a fait d'éminents progrès, et qu'il en a fait de plus grands encore sous l'empire actuel, on pourrait, lors des fêtes officielles, disposer le foyer de cet appareil de manière à former d'ingénieuses décorations d'architecture, des emblèmes, armoiries, chiffres ou monogrammes.

« Puisque la tour de Saint-Jacques, disions-nous dans le mémoire précité, ne doit probablement plus se rattacher à un lieu d'adoration et de prières, il serait peut-être de bon goût de faire de cet obélisque gothique, devenu un centre, un objet d'utilité locale, en établissant sur les faces de sa base quatre fontaines à vasques, qui seraient dominées par quatre statues des plus illustres paroissiens de cette ancienne église, tels que Jean Bureau, seigneur de Monglat, grand maître de l'artillerie et chambellan du roi Charles VII, qui partagea auprès de Jeanne d'Arc, la glorieuse Pucelle, le hasard des combats; Aymeric de Maignac, curé de Saint-Jacques-la-Boucherie, puis évêque de Paris (1370) et cardinal; en groupe, Nicolas Flamel et Pernelle, sa femme; puis l'illustre savant Jean Fernel, médecin de Henri II. On suivrait ainsi intelligemment le mode très-pittoresque adopté depuis longtemps déjà pour l'ornement des places et des carrefours. Cependant, en ce qui concerne les cénacles inférieurs de cette tour, au rez-de-chaussée et au premier étage, il nous semble qu'on verrait avec satisfaction qu'ils fussent rétablis à l'usage de chapelles, où, dans certains jours de l'année, et notamment le 25 de juillet, jour de la fête patronale de saint Jacques le Majeur, M. le curé de Saint-Méry ferait célébrer la messe; et qui serviraient dans les autres jours de lieu de réunion pour les catéchismes ou les assemblées de charité de cette paroisse.

« On a vu ci-dessus que la tour de Saint-Jacques jetait jadis à tous les vents du ciel les bruyantes et lointaines harmonies de ses cloches. On pourrait donc, en souvenir de ces pieux accords qui réjouissaient l'âme de nos aïeux, y établir une horloge publique à quatre cadrans, qui seraient vus sous tous les horizons, à laquelle horloge serait adapté un grave et mélodieux carillon, exécutant un air à chaque heure du jour, avec accompagnement, tels que ceux qu'on admirait autrefois dans nos villes de l'est, dont certains n'avaient pas moins de quatre octaves chromatiques, et comme on en voyait aussi dans les pays catholiques du Nord, en Angleterre, en Hollande, en Flandre et en Allemagne. La cloche servant au timbre de l'horloge de la tour de Saint-Jacques devrait aussi rappeler, par ses proportions et la puissance de sa voix, dans les solennités publiques, la cloche municipale des siècles passés [1].

« Assurément, le carillon et les voix bruyantes des cloches, au milieu des pompes de nos fêtes, augmenteraient puissamment l'allégresse populaire. Or, pour arriver à ce but, il serait peut-être encore mieux et plus monumental que le carillon de la tour de Saint-Jacques agît, comme autrefois celui de Dunkerque, au moyen d'un clavier à main et à pédales, qui permettrait d'exécuter sur ses cloches nos airs nationaux et religieux, les mélodies les plus

---

[1] Le droit d'avoir un beffroi et une cloche pour convoquer les habitants était un des principaux priviléges que réclamaient les communes dans le moyen âge : aussi, dans presque toutes les grandes villes, voit-on encore la tour et la cloche municipale. En 1548, la ville de Bordeaux fut privée de ses cloches pour rébellion; mais le roi Henri II les lui rendit bientôt après.

compliquées, et des accompagnements harmoniques d'une certaine valeur. Ce serait restituer à Paris une de ces curiosités campanaires devant lesquelles nos pères s'ébahissaient, et qui serait bien supérieure à leurs mesquins carillons de la tour de l'horloge du Palais et de la Samaritaine du Pont-Neuf[1]. Ce serait aussi une gracieuse nouveauté pour les générations actuelles; car aujourd'hui, pour entendre un carillon, il faut aller en Belgique et en Hollande. Cette voix mélodieuse qui, de la métropole à l'église du village, appelait les fidèles à la prière, s'est tue depuis longtemps dans tout le reste de l'Europe. »

Sans attacher plus d'importance à nos modestes observations qu'elles n'en méritent réellement, nous présumons néanmoins que ce que nous proposions en 1853, pour utiliser rationnellement la tour de Saint-Jacques-la-Boucherie, serait accueilli maintenant avec quelque faveur, non-seulement par ceux qui considèrent nos vieux monuments comme de vénérables témoins des faits importants de nos annales,

---

[1] Il résulte du *Mortuologue* de Saint-Séverin (Paris, Le Prest, 1678, *Règlement pour la fabrique*, c. IX), qu'il y avait à Paris des carillonneurs de fêtes. Celui-ci était autre que le sonneur ordinaire, en ce qu'il recevait un salaire particulier. Il en était de même des carillonneurs des autres paroisses de Paris, des carillonneurs des grandes villes et de ceux des cathédrales. A Saint-Jacques-la-Boucherie, le troisième bedeau, chargé du soin des cloches, devait aux jours solennels faire entendre des *accords mesurés*. (*Mortuologue*, p. 278.)

de nos coutumes et de nos mœurs ; mais encore par ceux mêmes qui ont des tendances frivoles ou des idées moins sérieuses, surtout aujourd'hui qu'on aime l'animation dans les fêtes, et que le goût *mélomane* domine jusque dans nos églises, souvent au préjudice des saintes et suaves mélodies de la liturgie catholique, source des plus pures inspirations de l'art et de la piété orthodoxes.

L'homme ne se dépouille jamais complétement de son enveloppe originale : aussi l'étranger ou l'habitant de la province, transplanté ou établi à Paris, conserve avec des souvenirs locaux quelque chose des coutumes, des usages et des habitudes natives qu'il est aise de retrouver dans la capitale : d'où il résulte qu'un carillon établi dans la tour de Saint-Jacques-la-Boucherie, tout en animant les fêtes nationales bien plus réellement qu'un bizarre éclairage diaphane, aurait pour l'habitant de Paris le même attrait joyeux que ne cessent d'éprouver, de temps immémorial, les habitants des pays du nord de la France, dans leurs fêtes foraines, *Kermesse* et *Ducasses. Dans la Flandre*, dit Amans-Alexis Monteil, *les carillons remplissent, pour ainsi dire, la coupole du ciel ; car il y en a dans toutes les villes, même dans un grand nombre de bourgs ; et, quand on les sonne, les habitants des campagnes en répètent les airs, dansent ou sont près de danser. Les airs les plus populaires dans la Flandre, ceux qu'on y entend le plus chanter, sont les airs des carillons* [1]. Ceci dit, portons maintenant notre attention sur le jardin anglais, servant de *proscenium* à la tour.

On sait qu'à Londres, ville de 2,500,000 âmes, il existe sous le nom de *squares* un grand nombre de places dont le centre planté d'arbres, avec des parterres, est entouré de grilles, et sert de promenade aux habitants du voisinage. Ces squares, outre l'agrément qu'ils offrent surtout aux femmes et aux enfants, ont l'avantage d'assainir l'air, puis de donner à la ville un aspect moins monotone. Paris, désormais l'émule de Londres, n'avait point songé à utiliser pittoresquement les nombreux terrains vacants qu'il possède, au profit des habitants des quartiers populeux, où les émanations délétères doivent être combattues par des plantations. C'est ce qu'a fort bien compris l'administration municipale; et bientôt la capitale de la France n'aura plus, en ce genre d'amélioration, rien à envier à celle de la Grande-Bretagne. Néanmoins, nous avons déjà, depuis environ vingt ans, quelques essais de cette nature à la place de Saint-Georges, à la cité Trévise, à la place de l'Europe; mais ce sont des propriétés particulières.

Le premier square, créé par l'édilité parisienne,

---

[1] *Histoires des Français des divers États aux cinq derniers siècles de la monarchie*, t. VIII, p. 311 et 573.

celui qui environne la tour de Saint-Jacques étant destiné à l'agrément public, il importe, pour compléter ce mémoire, d'entrer dans quelques détails sur les travaux qu'il a fallu faire pour l'appropriation des terrains, et de donner un aperçu des différentes espèces d'arbres ou d'arbustes qui sont entrées dans la composition de ce nouveau jardin.

Le square de la tour de Saint-Jacques longe la rue de Rivoli, à la hauteur du boulevard de Sébastopol; il occupe une superficie de 6,000 mètres (environ deux arpents); 4,000 mètres sont convertis en massifs ou en gazons, et le reste en allées. Pour niveler les terrains, il a fallu enlever 3,300 mètres cubes de déblais, et rapporter 4,300 mètres de remblais, consistant en terre végétale ou de bruyère. Le remblai a coûté de 3 à 4 francs le mètre cube, et le déblai, de 2 francs 50 centimes à 3 francs. Ce square, dont la principale entrée ouvre à l'angle sud-ouest, est fermé par une grille en fer forgé, reposant sur un soubassement continu, en pierre de liais dur, profilé de moulures. Le couronnement de cette grille, formé d'enroulements et de lances, offre un caractère d'élégante simplicité et de légèreté, emprunté à l'art du serrurier au XVIe siècle.

La direction des travaux de terrassement a été confiée à M. Halphand, l'habile ingénieur du bois de Boulogne, et l'entreprise à M. Masson, décorateur paysagiste, ancien jardinier en chef de la Société impériale et centrale d'horticulture. L'agencement général comporte quatre bandes coupées par des allées sinueuses très-habilement combinées. Une allée circulaire, aux contours gracieux, permet de juger de l'ensemble du square. L'intérieur se divise en trois figures principales, dont une, légèrement accidentée, est garnie d'un fin gazon coupé de massifs, d'arbustes et de plantes d'agrément. Chaque point de vue est mouvementé de telle sorte, qu'à une éminence correspond toujours une dépression. Les allées sont couvertes d'un sable rouge tiré des carrières de Versailles.

Les plantations, au nombre de 4,000 pieds, comprennent les essences les plus précieuses et les plus nouvelles. On évalue leur prix d'achat à 5,000 fr. Elles ont été extraites des pépinières des environs de Paris, d'Angers et de Nantes. Parmi les principales essences forestières, nous citerons le cèdre de l'Himalaya, le tarodium sempervirens, le criptomeria du Japon, l'araucaria du Brésil, les sapins du Canada, les chênes verts de l'Algérie, le pin noir d'Autriche. Deux sapins de 10 mètres de hauteur, transportés du bois de Boulogne, ont parfaitement repris et sont en pleine végétation.

Parmi les plantes d'ornement ou d'agrément, nous devons citer le magnolia à grandes fleurs, le tilleul argenté du Canada, l'aralia du Japon, le gengebilia ou arbre des quarante ans, dont les branches retombent comme celles du saule pleureur. La plupart des essences nouvellement introduites de la Chine ou du Japon, figurent dans les massifs.

Ainsi, par la variété et la richesse de ses essences végétales, le square de Saint-Jacques est un véritable jardin botanique; mais il serait à désirer, pour l'instruction des visiteurs, que le nom de chaque plante fût inscrit sur une petite plaque de plomb, comme dans tous les établissements du même genre.

Ce square, parfaitement accueilli par toutes les populations riveraines, le serait mieux encore si la tour, devenue un monument municipal, recouvrait son caractère hiératique et sa vie, au moins par la réintroduction de cloches mélodieuses. C'est ainsi que nous avons compris l'appropriation définitive et rationnelle de ce vénérable monument chrétien, élevé pour la gloire du Dieu d'amour et de charité, et dont la nouvelle destination serait encore de servir et de participer à la joie ou la satisfaction des hommes, tout en rappelant virtuellement le souvenir des vieux usages, des vieilles mœurs et des vieilles institutions.

Assurément nous avons trouvé dans cet édifice rajeuni, longtemps privé d'entretien, des nouveautés heureuses, des modifications bien comprises, puis des dispositions obligées qui ont plus ou moins entraîné notre sentiment; mais, en faisant la part de l'inanité actuelle de la tour de Saint-Jacques, sous le rapport de son emploi, on se trouvera amené à conclure que la dépense généreuse de sa savante restauration ne trouve pas son motif dans ce stérile résultat. Nos appréciations, nous le savons, peuvent être sujettes à controverses : aussi, en les livrant à la publicité, serions-nous satisfait de provoquer de nouvelles déductions qui vinssent compléter, ou rectifier, s'il y avait lieu, la conclusion des nôtres.

Puissent donc les honorables magistrats qui dirigent avec tant d'intelligence l'administration de cette glorieuse capitale de la France, et qui comprennent si bien qu'il faut entourer de respect les vieux monuments comme les vieilles gloires, compléter leur œuvre de conservation, en unissant leurs efforts pour l'accomplissement peu coûteux de ces détails d'appropriation décorative et monumentale, logiquement et humblement proposée : ce qui leur assurerait, avec les suffrages éclairés des hommes d'art, la reconnaissance de la population, en perpétuant à jamais le souvenir de leur autorité.

FIN.

OUVRAGES

DU MÊME AUTEUR

SCEAU CAPITULAIRE DE SAINT-GERMAIN-L'AUXERROIS, A PARIS, tome 2 de la Sphragistique, tirage à part, 1853, in-8º.

SCEAU DE L'ANCIENNE LÉPROSERIE DE SAINT-LAZARE-LEZ-PARIS, in-8º, tome 3 de la Sphragistique, tirage à part, 1853.

LA SAINTE CHAPELLE DE PARIS; notice archéologique et descriptive sur ce célèbre oratoire de Saint-Louis; in-18, Paris, 1853-54-56 (3 tirages).

LA RUE, LA CHAPELLE ET LA MAISON HOSPITALIÈRE DES ORFÉVRES ET LE GRENIER A SEL A PARIS; extrait du *Tableau de Paris*, tirage à part, in-8º, 1856.

Le Mans. — Impr. Julien, Lanier, Cosnard et Cⁱᵉ.

www.ingramcontent.com/pod-product-compliance
Lightning Source LLC
LaVergne TN
LVHW050651090426
835512LV00007B/1147